英語絵本を使った授業つくり
―― CLIL的アプローチ 指導案12か月 ――

内山 工

郁朋社

はじめに

　小さい頃、祖母や母は昔話を聞かせてくれました。時には歌って、時には手振り身振りを交えて、日本の昔話を語ってくれました。何度聞いても面白く、聞くたびにお話の世界を旅することができました。その中で桃太郎を「かっこいい」と思い、月に戻っていくかぐや姫の寂しい気持ちに共感しました。その記憶が、本書をまとめようと思った原動力になったのかもしれません。

　英語が「教科」として小学校の教育課程に位置付けられました。2020年からの実施ですが前倒しして「英語科」としてスタートしている学校が多くあります。5,6年生だけでなく、時数は少ないですが、3,4年生や1,2年生でも始めている学校があります。

　小学校の「英語教育」は、中学校の「英語教育」の先取りのような授業をするのではなく、「心を育て考える力」をつけるための授業をしてほしいと思います。英語の単語を覚えるために勉強するのではなく、文構造を暗記するために勉強するのではなく、子供達が英語で書かれたお話の内容に共感するために勉強し、自分の考えを友達と比べより多くのアイデアを取り入れながら自分の思考力を伸ばすために勉強してほしいと思います。

　英語の絵本は、心を育て、思考を引き出すのに最適の教材です。Chapter 1 では、その魅力についてお話します。Chapter 2 では「読み聞かせ」の他に英語絵本の内容がより理解しやすいように加工する方法についてお話します。Chapter 3 は指導計画と指導案です。この指導案は平成22年（2010）から主に東京都内の公立の小学校で飛び入りの授業をさせて頂いた時の指導案をもとにして修正を加えたものやその後、それまで知らなかった英語絵本と出会い、指導案につくったものなどを載せました。Chapter 4 では、『ナーサリーライム（マザーグース）の歌』の世界で遊んでほしいと思います。英語の文字（アルファベット）を「声を出して読む」ことができれば、「英語の世界」がぐんと広がることでしょう。Chapter 5 は教材バンクです。主に ABC カードを使ってできるアクティビティを紹介します。

　本書を手に取って頂いたことを感謝し、ほんの一部でも現場で実践してもらえることを願っています。

　　　　　　　　　　　　　　　　　　　　　　　　　　　　　　　　　　内山　工

【目 次】

はじめに ……………………………………………………………… 1

Chapter 1　絵本の魅力 ………………………………………… 3
Chapter 2　英語絵本の加工 …………………………………… 17
Chapter 3　CLIL 的アプローチ指導案 ………………………… 25
　　4月　THE VERY HUNGRY CATERPILLAR …… 26
　　5月　MISTER SEAHORSE ………………………… 34
　　6月　Inch by Inch …………………………………… 40
　　7月　Swimmy ………………………………………… 46
　　8月　One-Eyed Jake ………………………………… 50
　　9月　"Slowly, Slowly, Slowly," said the Sloth …… 54
　　10月　Which Witch Is Which? ……………………… 58
　　11月　Good Night Owl ……………………………… 64
　　12月　THE SILVER CHRISTMAS TREE ………… 70
　　1月　Stone Soup ……………………………………… 76
　　2月　TITCH …………………………………………… 82
　　2月　Silly Billy ………………………………………… 88
　　3月　What Game Shall We Play? …………………… 92
Chapter 4　Nursery Rhyme / Mother Goose リズムと音 … 95
Chapter 5　教材バンク ………………………………………… 111

おわりに …………………………………………………………… 130
主な参考絵本（作者ごと）………………………………………… 131
参考サイト及び書籍 ……………………………………………… 133

Chapter 1

絵本の魅力

From Head To Toe (Big Book で読み聞かせ)

子供はなぜ、絵本が好きなのでしょうか。

　それは、絵本の中で「想像の世界」を広げることができるからです。描かれた絵やお話の内容から子供達は頭の中でイメージを広げます。例えば、『Jack and the Beanstalk（ジャックと豆の木）』では、ジャックは巨人の家から金の卵を産む鶏を持ち出して豆の木を降り始めます。気づいた巨人がジャックを追いかけます。子供達は、ハラハラドキドキしながら、「ジャックが助かるように」と祈りながら、言葉で説明されていないことでも絵を頼りにして想像するのです。その「想像する」という行為が、子供にとっては面白くて楽しくてたまらないことなのです。

　また、子供は絵本の登場人物の言動に共感を覚えます。主人公は「自分と似ている人物」だったり、「自分があこがれる人物」だったりするのです。例えば、Curious George シリーズや Dr Suess シリーズでは、主人公が思い切りいたずらをします。登場人物が思い切りいたずらをしてくれることで、読んでいる子供達は登場人物になりきり、いたずらをした時の満足感を味わいます。それは子供にとって「心地よい」ことなのです。

　さらに、絵本は、自分が今までに経験をしたことのない未知の世界にいざなってくれます。知らない世界を知る喜びは心躍るものです。『Thumbelina（親指姫）』は、親指くらいの大きさの女の子です。チューリップの花から生まれた小さな子です。コガネムシに連れ去られて葉っぱの上で怖い思いをします。寒い雪の降る日に、ネズミのおばさんの家を偶然見つけ世話になります。モグラさんの家に行く地下道で寒くて気を失っている燕さんを見つけ温めてあげます。親指くらいの大きさの女の子にとって周りの世界は巨大です。読者である子供達もその不思議さにびっくりするでしょう。本の中には数えきれないくらい自分が知らない経験が詰まっています。未知の世界を知ることに人は魅力を感じます。

　絵本は……

　◆想像力を育む。
　◆登場人物の生き方を見せてくれる。
　◆未知の世界を教えてくれる。

　もうひとつの世界に連れていってくれる魔法の箸なのです。

英語の絵本を英語で読んでみましょう。

　皆さんは、年の暮れに百八回ゴーン、ゴーンとなるお寺の鐘を知っていますね。あれを日本語で「梵鐘」といいます。英語でなんというか辞書で調べてみたら、「temple bell」なのです。日本の文化の中で育つと、「ベル」というとクリスマスのジングルベルをイメージします。お寺の「梵鐘」を「ベル」ということを知った時の驚きは新鮮でした。

　日本の昔話『桃太郎』は『Peach Boy』という題で教材になっています。昔話の「太郎」は「浦島太郎」「金太郎」など、物語の主役の代表格として日本の文化を伝えてきました。「浦島太郎」は、竜宮城に行っている間に年月が過ぎ、白髪のおじいさんになってしまった、そんな人がいましたよ。「金太郎」は山の動物達にも負けない強い子で、その動物達に慕われている頼もしい、そういう人物がいましたよ、という意味が含まれています。日本の昔話『桃太郎』が英語の題では『ピーチボーイ』になることを知った子供達は新たな発見をすることでしょう。昔話の英語版は日本の文化や歴史を世界に発信しています。

　一方、たくさんの英語の絵本が日本語に翻訳されています。外国語で読めない子供達が、お話の内容を知り外国の文化に触れる良い機会です。ただ、翻訳することでその英語絵本が本来持っている「音の響き」はなくなります。「音やリズム」を感じるには英語のままで読んであげるのが良いでしょう。例えば、Marcia Brown の『Stone Soup』は、『世界一おいしいスープ』というタイトルです。頭韻と呼ばれる Stone の /s/、Soup の /s/ の音の繰り返しの面白さを味わうなら英語で読むことをお勧めします。Eric Carl の『Brown Bear, Brown Bear, What Do You See?』の日本語の題は『くまさん、くまさん、ちゃいろのくまさん、なにみているの？』です。英語では、B で始まる Brown の /b/ の音、bear の /b/ の音の繰り返しの面白さを、味わうことができます。英語絵本が秘める「音やリズムの心地よさ」を感じ取るためにも、英語絵本は英語で読みたいものです。

　英語の絵本には……

　◆その絵本作家が経験した文化が詰まっている。
　◆心地よい繰り返しの「音」や「リズム」に面白さがある。

　ウキウキして体中が躍り出す種がいっぱいあるのです。

英語の絵本を「英語科の授業」に取り入れるメリットは何でしょう。

その１：ストーリー（話の筋）が思考の流れに沿っている●●●●●●●●●●●●●●●●●●●

　お話や物語は全体的な（holistically）アプローチなので、細部の言葉の意味調べや文法事項から解放されて、お話の流れに沿ってその内容にじっくり浸ることができます。

　私が小学生の時、図書館で本を借りて読むのは好きでしたが、国語の授業で教科書の物語文を細かく切って「読み取る」という作業は嫌いでした。自分の好きなところまで読み通したいのに全体を通して読むことはなかったのです。45分間もあるのに、せいぜい10行か15行の内容を詳細に「読み取り」する授業が多かったように思います。そこには感動も発見も生まれませんでした。

　お話や物語にはストーリーがあります。お話の最初（beginning）と最後（ending）があり、それぞれの場面が原因・結果・例示の繰り返しでつながっています。例えば、『白雪姫』は、継母の嫉妬（原因）で、お城を追われ（結果）、白雪姫は、森にいた7人の小人達と暮らします。そこへ、毒のリンゴを持った老婆が現れ、白雪姫は魔女である継母の魔法でつくられた毒リンゴをかじって（原因）眠ってしまいます（結果）。しかし、最後には、お話の最初に出会っていた王子様が現れ、その口づけで魔法が解け生き返ります。このように、原因・結果が繰り返されお話が展開することは子供の思考の流れに沿っているのです。

　英語絵本のメリットは……

　◆内容を丸ごと楽しめる満足感を得ることができる。
　◆原因・結果の繰り返しでお話が展開する。
　◆推論しながらの読みは論理的思考力を育む。

その2：感動や共感が読み手の心を育てる●●●●●●●●●●●●●●●●●●●●●●●●●●●●

　Once upon a time〜で始まり Lived happily ever afterで終わるお話はハッピーエンドで終わります。例えば、ディズニー映画のお姫様シリーズ『シンデレラ』や『白雪姫』などでは、主人公は困難に直面しますが、その逆境に負けず自分の願いを持ち続け夢を叶えます。「シンデレラ」は、継母にいじめられます。しかし、辛い顔ひとつ見せず、みすぼらしい洋服を着ていても心は優しく美しく、掃除や洗濯といった仕事をまるで楽しみながらするのです。そして、きちんと自分を主張します。お城の使いがガラスの靴を持ってきた時、自分にも履く権利があることをしっかり伝えるのです。最後にはハッピーエンドで大好きな王子様と結ばれます。ディズニーの主人公達は強い意志を持ち、困難を乗り越え自分の願いを叶えていくというサクセスストーリーです。

　また、読者の共感を呼ぶ感動場面（クライマックス）があります。先の『白雪姫』のお話では、眠りに入ってしまった白雪姫を囲んで7人の小人達と森の動物達は悲しみます。この場面は胸がジーンとなり時には目頭が熱くなります。心を揺さぶられるのです。子供達は「誰か助けに来ると良いなあ」と願いながら読み進めます。「こうであってほしいな」という願望は森の小人や動物達の悲しむ姿でどんどん膨れ上がります。心の中でその願いが満杯になった時、王子様が現れ救ってくれることで思いっきりの「幸せ」を感じるのです。
　絵本の中には、読む人の期待に応えてくれる幸せの鍵があるのです。

　英語絵本のメリットは……

◆「願いは叶う」ということを知る。
◆「幸せ」と思える心が芽生える。

「心を育てる」ことができるのです。

その３：リズム・抑揚・韻は長く記憶に残る

『ナーサリーライム』や『マザーグース』には、言語としての英語の特徴がたくさん詰まっています。それは、リズムであったり、抑揚であったり、韻であったりします。そのリズムや抑揚や韻の繰り返しは、人間の脳に刻み込まれ、「覚えよう、暗記しよう」と思わなくても自然と記憶に残るのです。

例えば……

　　　　　雨さん、雨さん、止んでちょうだい
　　　　　別の日に降ってちょうだい（今日は止んでほしい）
　　　　　かわいい私の坊やが、外で遊びたがっているのよ
　　　　　だから、雨さん、止んでちょうだい

You Tubeでも、"Rain, rain"のビデオを見つけることができます。ナーサリーライムは、口頭で伝承されてきた歌なので、作詞家が誰かは分かりません。歌い継がれるたびにその単語はその場に合わせて変わるのです。Little babyのところがLittle Rogerになっていたり、familyの名称、fatherやmotherになっていたり様々です。

教材として活用する時に、語の置き換えをしてチャンツをしてみると面白いでしょう。

良質の英語絵本の読み聞かせで……

◆リズム・抑揚・音が無意識のうちに脳に刻み込まれる。
◆英語のリズムや音に敏感になる。

その４：異文化を知ることができる

　「絵本」には様々なジャンルがあります。日本の昔話は親から子へと語り継がれてきました。海外でもイギリスのナーサリーライムやアメリカのマザーグースのように、親から子に語り継がれたお話があります。それらは語り継がれている間に、使われている言葉やお話の結末が少しずつ変化してきたものもあります。さらに、神話・天地創造話や英雄伝説のように、独自の民族の歴史や文化を親から子へ、子から孫へ語り継いできたものもあります。イソップ物語のような寓話やグリム童話は、そのように語り継がれたお話をもとにしてつくられています。また、語り継がれたストーリーを集めて（再話）できた絵本もあります。

　英語絵本で使われている単語（語彙）や言い回しなどの数は、ネイティブの子供向けなので、英語を外国語として習う日本の子供達の「教科書英語」を遥かに超えます。普段の生活の中で使われている表現が多く、まさに「使える英語」の宝庫です。絵本の対象が３歳〜８歳なのでテーマの多くは彼らが置かれている背景と深く関わっています。家族のこと、可愛がっている生き物のこと、お誕生パーティやハロウィンの行事など、毎日の生活の中で繰り広げられる何気ない出来事です。それらの出来事の中で子供が感じる心の中の葛藤や喜びが綴られています。また、「命の不思議」や「未知の世界」は、「知らないことを知りたい」という知的好奇心を揺さぶってくれます。

　絵本は見たこともない世界や聞いたこともない世界にいざなってくれます。オーストラリア大陸に生息するカンガルーやコアラを主たる登場人物にしてその生活の様子を知らせる絵本もあります。ニュージーランドの小学校では、自分達が大切に育てた羊のシュレックに寄せる思いをお手紙にまとめて絵本にしたものもあります。

　絵本は、……

　子供のうちから自分が知らない世界・見知らぬ文化に出会える場所なのです。

その5：文の構造や文法が分かりやすく理解しやすい

　ここで、付け加えたいのですが、英語絵本は幼児や小学校の子供ばかりが対象ではありません。英語を外国語として学び始めている中学生にも有効な絵本があります。文構造がシンプルで、重要文法事項が場面ごとに繰り返し現れています。

　例えば、Eric Carl の『Have You Seen My Cat?』は、「現在完了形」が場面ごとに繰り返されます。少年が自分の猫を探して様々な人に出会い、最後にやっと再会できるというお話ですが、Have you 〜が繰り返され、リズムにのって読むことで自然に脳裏に刻まれます。現在完了形は中学校3年生で習う文法事項です。また、Pat Hatchins の『What Game Shall We Play?』では、「前置詞」の勉強ができます。動物達の住処は色々です。カエルがネズミを探す時に、Frog looked under the wall と言いますが、そこにネズミは見当たらず、ネズミは、in the wall にいたのです。under と in の場所の違いを絵本は教えてくれます。このお話では、across the fields, among the tall grass, over the wall, under the wall など、「場所を表す前置詞」をまとめて学習することができます。

　英語絵本は言葉の宝庫です。学校の教科書では扱われない単語（語彙）が多く出てきます。これらの単語は直接高校入試には出題されないので、教科書の重要単語ではないかもしれません。しかし、これらの単語は、英語圏では当たり前に日常使われ、小さな子供達も知っている単語なのです。例えば、Eric Carl の『Panda Bear, Panda Bear, What Do You See?』の、soar や charge などです。各場面を通して「現在分詞」がふんだんに使われています。「僕のそばで高く舞い上がっている（soaring）ハゲワシ」や「僕のそばで突進している（charging）水牛」などです。

　英語の文法の暗記がつらくて英語が嫌いになったという学生に多く会います。翻訳をして、暗記することを強要されたのです。英語絵本を授業の中で2, 3分紹介してあげるだけで良いのです。英語絵本のきれいなカラーの絵が単語の意味を教えてくれます。英語絵本はまるで参考書や辞書に匹敵します。どのような状況で使うのかが分からないまま、心の中にモヤモヤを残してテストのために丸暗記した「現在完了」や「現在分詞」や「前置詞」の勉強と別れを告げることができるのです。

　英語絵本で……

　語彙力が増え、文構造や文法を容易に学べます。

その6：絵本選びの方法

　絵本選びの方法として優秀な絵本に与えられる賞（表紙にある金や銀の丸いシール）を参考にすると良いでしょう。

　コルデコット賞（*The Caldecott Medal・Honor*）は、アメリカ図書館協会（ALSC）がアメリカ合衆国でその年に出版されたもっとも優れた子供向け絵本に授与している賞です。19世紀イギリスのイラストレーターのランドルフ・コルデコット（Randolph Caldecott）を記念して名付けられました。ランドルフは現代絵本の原点をつくった人物です。コルデコット賞には全く文字の無い絵本もあり絵の表現力が大きな判断基準です。

　『Snow-White and the Seven Dwarfs（白雪姫と7人の小人たち）』はグリム童話のお話です。ランダル・ジャレル（Randall Jarrell）が翻訳し1973年コルデコット賞を受けています。アーノルド・ローベル（Arnold Lobel）による『Frog and Toad are Friends（ふたりはともだち）』は、1971年に賞を得ています。レオ・レオニ（Leo Lionni）の『Frederick（フレデリック）』は1968年に賞を受けています。これらの絵本は、日本の国語の教科書にも採用され日本語で読む機会もありポピュラーなお話です。

　ニューベリー賞（*The John Newbery Medal*）は、アメリカ児童文学界における最高峰の賞です。18世紀、世界初の児童書を出版したイギリスの出版業者ジョン・ニューベリーにちなんでいます。この賞では、テーマや構成・文章の秀逸さなどの文学的評価に加えて、子供の心を引き付けられるかどうかが選考基準となっており文学性を重視しています。

　日本では、コルデコット賞のほうが有名です。『The Little House（ちいさいおうち）』『Swimmy（スイミー）』『Where The Wild Things Are（かいじゅうたちのいるところ）』などは、日本語にも翻訳されています。その他にも、パット・ハッチンス（Pat Hutchins）の『Rosie's Walk(1968)』は *American Association Notable (ALA) Lists* になり、『The Wind Blew(1974)』は *Kate Greenaway Medal* を受賞しています。この賞は英国の文学賞で、19世紀の子供の本のイラストレーター Kate Greenaway(1846-1901)にちなんで1955年に設立されたものです。

　良書といわれる絵本には繰り返しのセンテンスがあり、リズムがあり韻を踏んでいるものが多く自然に子供の脳裏に残ります。内容が読者の心を打ち共感を呼びます。カラフルな絵が眼前に広がり絵本の中に吸い込まれそうになるものが多いです。

さて……

2020年からは、小学校5，6年生から英語が教科となります。すでに前倒しで始めている小学校が増えました。3，4年生も英語に触れることが多くなりました。高学年には『Hi, Friends!』などの副教材の使用や自治体独自のカリキュラムで授業を行っているところがほとんどですが、今のところ中学年には決まった副教材がありません。自治体独自のカリキュラムでも、歌やゲーム遊び中心のところが多いようです。今までの「英語活動」のように「英語の時間、遊べて楽しかった！」ではなく、「授業」として学ぶべきことがある、意味のある時間にしたいものです。具体的に言えば、この45分間に、

　　　　子供の思考力を伸ばすことができるでしょうか。
　　　　　　　「子供に考える時間をあげましたか」
　　　　子供の心を豊かにすることができるでしょうか。
　　　　　　　「子供の心を揺さぶる体験をさせましたか」
　　　　友達と協力して何かできた達成感を味わわせることができるでしょうか。
　　　　　　　「友達と相談する場を与えましたか」
　　　　聞く・話す・書く・読むスキルをつけてあげることができるでしょうか。

他教科、国語や算数の授業と同じように、学ぶ内容や到達させるスキルを明確にして、しかもやる気を起こさせるような「授業つくり」をしていかなければなりません。

では……

絵本を授業に取り入れる時に高いハードルとなるのは何でしょう？
それは、どんな絵本が良いのか、その絵本で何を教えるのか、どんな効果があるのかが分からないことです。現場の先生方の仕事は多岐にわたり校務分掌もたくさんです。教科書の内容についての教材研究すらできないのが現状なのに、「英語絵本」という新しい教材を使うなんて無理な話と思われるかもしれません。

平成23年度（2011）から5，6年生対象に「外国語活動」が導入された時から、副教材の『英語ノート』や『Hi, Friends!』に物足りなさを感じてきました。英語に慣れ親しむだけで良いのか、英語を使って遊ぶだけで良いのか、ネイティブの先生との交流の中で、考え方の違いや文化の違いに接するだけで良いのか、ずっと「はてな」の状態でした。

学校教育は、友達と学び合うことを通して、「論理的思考力」を身に付け、自立した学習者を育てるために、確実なスキルを定着させる場です。そこで、出会ったのが「英語絵本」でした。「英語絵本」の内容には心を大きく揺さぶるもの、深く考えさせるもの、知的好奇心をくすぐるもの、未知の世界にいざなってくれるものがたくさんありました。まさに、心を育て、知識を広げ、知恵を得る良い教材でした。

本書では、英語を母語としない日本の子供にとって学習に役立つ「英語絵本」のいくつかから、その授業展開の例を紹介したいと思います。いわゆる「良書」といわれるものは、ネイティブの作者がネイティブの子供達のために、心を育て、知恵を育み、豊かな言語を使って書いています。「読み聞かせ」だけに使用するのではなく、テーマ性のある内容のものを授業のメインにして「45分間の授業つくり」をしてみました。

　つまり、小学校の国語科の授業で、例えば、新実南吉の『ごんぎつね』の単元では5，6時間の「読み取り」をします。ゴンの兵十に対する気持ちを考えたり、クライマックスで贈り物をしてくれたのはゴンであったことを知らずに撃ち殺してしまったあとの兵十の思いを想像したりします。英語絵本でも「内容」に迫る読み取りができないか考えてきました。絵本の内容のテーマ（主題）を、一人一人の子供が自分の経験や体験に重ね合わせて考えることができる授業にしたいと思います。

　ただ読み聞かせするだけでなく、そのテーマに迫るためにその内容にあった「教材の加工」や学習者の発達段階にあったアプローチの仕方が大切になります。家庭での「読み聞かせ」と違い、学校での学習時間はエンドレスではありません。決められた短い時間で子供達を感動させ、深く考えさせ、共感させ、好奇心を揺さぶる必要があります。

　そこで、本書では、絵本の内容を使った指導案の参考例とチャンツや歌なども含めた加工例を載せました。あくまでも例ですので、先生方の創意工夫で修正してみてください。指導案の余白に「気づいたこと」などを付け加えてみてください。

　教室の子供は様々な反応をします。子供は先生方にとって歓迎する反応をしてくれるとは限りません。うまくいかなくても大丈夫です。とにかく一歩を踏み出してみてください。やってみると、クラスの子供が先生方の授業の良かったことや修正点について色々教えてくれるでしょう。授業は、子供と一緒に創りあげるものです……

次に……

　英語絵本を使った指導案についてお話しましょう。指導案は、優しくいえば、教える側のメモといって良いでしょう。単元全体の指導計画と1コマごとの指導の流れを「授業案（指導案）」といいますが、本書では3時間の指導計画とそのうちの1コマ（45分）の指導の流れを中心に載せました。
　始めに、あらすじと題材について紹介しました。続いて、
1. 指導計画
2. 本時の学習目標
3. 言語材料　学習する単語や文構造
4. 本時の流れ
5. 本時の評価

　その他 ワークシート、チャンツの仕方、ゲームの仕方、関連の英語絵本の紹介などとなっています。

　題材については、お話の中心になるテーマを説明しました。先生方が教材研究する時の目安にもなります。指導計画には1時間ごとの学習の目標とその時間に定着させたい言語材料（英語の単語と文構造）を載せました。本時の学習目標は、子供が学習する「めあて」です。内容言語統合型学習（CLIL）の概念「内容・言語・思考・協学」に基づきました。「内容」は、読み取りの中心になる学習内容です。「言語」は、学習する英語の単語（語彙）・文構造などです。「協学」は友達と関わるアクティビティです。
　子供の「思考」を引き出すために45分の流れをつくりました。「流れ」の45分間を導入部分、展開部分、終末部分に分けて学習内容（子供の活動）と指導内容（教師の指示）にしました。最後に、45分間の評価です。この評価は、学習目標の裏返しになります。例えば、学習目標が、「Silly Billyのお話を聞き、登場人物について自分の考えを持つ」であれば、評価には、「Silly Billyのお話を聞き登場人物について自分の考えを持ったか」になります。
　ここに載せた指導案では、備考欄に☆印で「指導者の指示に対する、子供のその場の評価の観点」を載せました。付け加えて、★印で「音声への気づき・文字への気づき」など、英語科の教科化を見据え、音声を基本にした文字指導の方法を指導案に盛り込みました。

　ここでは、内容言語統合型学習（CLIL）のアプローチで指導案を作成しました。
　なお、本書に載せた指導案は簡易的なものですので細案についてはそれぞれ指導される先生の思い入れや、どこに重点を置くかなどで変わってきますので割愛します。

　では、CLIL的なアプローチとはどんなものでしょうか。

その7：内容言語統合型学習（Content and Language Integrated Learning /CLIL）●●●●●

　近年、日本では、内容言語統合型学習（Content and Language Integrated Learning：以下CLIL）を外国語学習に導入しようという試みが始まっています。ヨーロッパ諸国では、様々な取り組みが1990年代からあります。言語を教える側は、教える言語やその文化に興味がありますが、学習者の多くが興味を持つのは映画の内容がどうかやどのスポーツが好きか、どの国のどんな観光に興味があるかなど内容への興味です（笹島、2011）。内容を通して言葉を学ぶCLILのアプローチは、子供達を夢中にさせ、好奇心を刺激し、自ら深く考えさせると同時に、学習方法（学習スキル）の獲得も目指しています。自分から進んでさらに新しいことにチャレンジしようとする子供を育てるために、学習者がどんな方法で学習すれば良いのかを知っていることが必要です。CLILは英語教育のひとつのアプローチであり指導法ではありませんが、4Cといわれる理論的枠組みがあります。Content（内容）Communication（言語）Cognition（思考）Community（協学）です。紹介する指導案の学習目標ではこの4つの概念をもとにして設定しました。

CLIL（4C）の基本的枠組み

Content（内容）	学ぶ内容を理解し知識やスキルを身に付けること
Communication（言語）	内容にふさわしい言語使用にすること
Cognition（思考）	思考過程を大切にして思考力を高めること
Community（協学）	仲間と共に学び合い、自分自身の文化と他の文化の違いに気づくこと

　CLILの指導には、「内容」についての指導目標と「目的言語」についての指導目標の両方があります。「内容」についての目標は「絵本のテーマに迫る」ことです。「目標言語」は、言語事項、つまり、どんな単語（語彙）や文や句などを身に付けるかです。「協学」というのは仲間と共に学び合うことです。一人一人の考えや感想は違います。十人十色といいますが10人の友達と一緒に学べば、自分一人では考えも及ばなかった他の9人の考えも知ることができます。具体的には、ペア学習、グループ学習、一斉学習などです。

　日本におけるCLILの例では、教科横断型の学習として、社会の内容「世界の国々と時刻」（二五、2014）や算数の内容「かけ算九九」（二五、2013）を英語を使って指導する試みがなされています。遊びだけの英語活動では物足りない高学年の子供にとっては、「CLIL的教科横断型活動は子供の思考の発達に重要である（二五、2014）」とは思います。この試みは英語を指導することが中心にあり、算数の内容を借りて英語学習をした感があります。歌やゲーム中心だった英語活動から、知的好奇心を引き出し意欲的に取り組むように工夫された試みで、一歩子供の気持ちに寄り添った試みだと思います。

しかし、もし、日本語を使って「時差の計算」や「かけ算九九」を勉強していたら、さらに高次の論理的思考力を引き出せたかもしれません。英語を母語としない、日本語を母語とする子供にとって、より高い次元の思考力を引き出すには、日本語を使って算数の指導内容に迫るのがベストだと思います。

　では、どんな内容であれば英語を使って子供のやる気を引き出し、思考力を高め、学んだことをスキルとして定着させることができるのでしょうか。日本におけるCLILの普及は、そっくりヨーロッパの方法（算数や社会などの他教科を英語で行う）の真似ではうまくいかないと思います。

　英語で書かれた絵本を使用しその内容について「テーマに迫る」という学習であれば、心を育て、思考力を高め、スキルを身に付け、自立した学習者を育成する学校教育としての役割を果たすことができるかもしれません。

　しかし、ただ「読み聞かせ」をするのでは、なかなかテーマに迫る読みができません。「読み聞かせ」で子供達を感動させるには、朗読のプロの技が必要です。そのような技を習得するには時間がかかります。しかし、指導者が教材研究して「学んでほしいこと」を明確にすれば子供はその思いに応えてくれます。そのひとつが「絵本の加工」です。絵本には「学んでほしいこと」がたくさん詰まっています。指導者が、「何をこの絵本で学んでほしいのか」を自分なりに理解し、効果的に伝えるための段取りをしておくことが大切です。

　絵本の加工には、その絵本のタイプに応じて色々な加工の仕方があります。どんな加工の仕方があるでしょうか。見てみましょう。

Chapter 2
英語絵本の加工

The Grouchy Ladybug（ボードシアター）

子供を膝に座らせて、絵本を読み聞かせするお母さんの姿は、ほほえましいものです。絵本の中にお母さんのぬくもりと一緒に入っていけます。子供にとってはこの上もない安心感があり心地よさを感じることのできる素敵な時間です。

　ところが、幼稚園や保育園、小学校では先生を独り占めして絵本を読んでもらうことはできません。たいてい、30人から20人の子供達は教室の前のほうに集まり、床に座って先生の近くで、先生が一枚一枚めくる絵本を覗き込むようにお話を聞きます。
　最近はビッグブック（Big Book）といわれる絵本（通常サイズの4倍から5倍の大きさ）ができました。

　それでも、子供達は、前に座っている友達の頭と頭の間から覗き込むようにしてお話を聞きます。時には、元気な子供達は「見えないよう、○○ちゃんどいてよう」などと始まり口げんかになることもあります。

　また、英語のビッグブックを購入している学校は多くなく、通常の英語絵本の数に比べればその種類は少ないのです。

　そこで、英語絵本の内容理解が進むように加工してみることをお勧めします。加工の例を挙げてみましょう。

　○紙芝居にする
　○ペープサートにする
　○カードストーリーにする
　○シアターにする（舞台はエプロン・フレーム・ボード）など
　○劇化する
　○チャンツにする
　○歌や踊りやゲームにする
　○絵を描きながらお話する

1．紙芝居・ペープサート・カードストーリー

①子供に絵を描いてもらう

　絵本を紙芝居にしてみましょう。先生がすべてのページの紙芝居をつくる必要はありません。先生が絵を描くのは苦手でも心配することはありません。子供達に絵を描いてもらえば良いのです。次に読むお話には「こんな場面があるよ」と紹介することから始めます。子供達は、絵を見るだけで絵の内容を推測します。余談ですが、この推測の力は問題解決学習の基礎の力になるのです。話を元に戻しますが……

　最近は、IT教育が進み、どの小学校にも実物投影機という便利な機器があります。簡単な操作で絵本のページが大きく映し出されます。子供達は自分の席からスクリーンやテレビに映し出された絵を見ることができます。

　一番気に入った場面を描いてもらってください。一人一人のお気に入りの場面は違いますから、集めると全ての場面が揃う時があります。全てのページが子供の作品で揃わない時、足りない場面を先生が描くのも良いでしょう。図工担当の先生にお願いしても良いと思います。教員間の連携ができますね。あるいは、もう一枚描ける子供を募り頼んで描いてもらっても良いですね。

②一部コピーする

　全面をカラーコピーするのは禁じられていますから、各ページの一部をコピーし背景は水彩絵の具やクレヨンで補充します。お話の中心になる部分を見つけるための良い教材研究になるかもしれません。例えば、Pat Hutchinsの『Silly Billy』では、弟のBillyとお姉さんのHazelはどの場面にも出てくるので、割り箸を付けたペープサートにしてつくっておきます。場面が進むごとに、おじいさん（Grampa）、おばあさん（Gramma）、おかあさん（Ma）、お父さん（Pa）が登場するので、人物だけカラーコピーする方法もあります。
　コピーしたものを四つ切の厚目の画用紙に貼り付けると良いでしょう。

　ペープサートというのは、紙でつくった平面の人形です。割り箸を付けて、表と裏の顔の表情を違ったものにしてつくります。割り箸を持って、表にしたり裏にしたりすることで、心の様子を使い分けることができます。右の写真は『I Love You Blue Kangaroo』というお話です。表には「嬉しい顔」、裏には「寂しい顔」を描くと主人公の心の変化を表すことができます。

Chapter2　英語絵本の加工　　19

また、Eric Carl の『MISTER SEAHORSE』では、どの場面でも Mr Seahorse が現れます。海の仲間に「挨拶する顔」と、仲間の様子を見たり聞いたりして「びっくりする顔」をつくります。場面が変わるたびに現れる色々な海の仲間達に笑顔で挨拶する顔と、子育ての様子を見てびっくりする顔を裏と表で使い分けると良いでしょう。

③インターネットのクリップアートの絵を利用する

パソコンをネットにつなげて「クリップアート」を利用しましょう。「クリップアート」には様々なカットや写真が詰まっています。例えば、「キツネ」と字を入れるとたくさんの狐の絵を見ることができます。Pat Hutchins の『What Game Shall We Play?』に登場するのはイギリスの農園にいる代表的な動物です。アヒル・カエル・キツネ・ネズミ・ウサギ・リス・フクロウなどです。Hutchins は画家で、そのユニークなタッチは繊細でデザイン性もあり魅力的な絵ですが、お話の流れの順番を確認したり、登場人物のカードを使って遊んだり、同じカードを持っている人とペアを組んで会話をしたりする時は「クリップアートの絵」の使用が有効です。

２．ボードシアター・エプロンシアター・フレームシアター

エプロンシアターは、保育士さんや幼稚園の先生が自分のエプロンに登場人物を貼り付けたり剥がしたりしながらお話をします。ホワイトボードやエプロンは舞台です。エプロンの舞台は30人の教室で使うには小さいので、小学校の教室では黒板やホワイトボードを利用すると良いと思います。劇でいえば、いわゆる小道具を画用紙でつくっておけば良いのです。例えば、『Stone Soup』のお話では，鍋や石といった絵を平らなボール紙に描き、裏には磁石を貼りホワイトボードや黒板に付くようにしておきます。黒板やホワイトボードに小道具をその都度、貼り付けたり剥がしたりしながらお話を語ります。場面はほとんど変わりません。舞台の真ん中に大きな鍋があります。その鍋の中に、塩や胡椒、人参・じゃがいもなど

を放り込んでいくというお話なので、ボードシアターに適しています。クリップアートには、小学校の子供達に良く理解できる絵、「あ、これは塩と胡椒（salt and pepper）だ」とか、「あ、これはニンジンだ（carrots）」と分かるものがたくさんあります。

左の写真は『Inch by Inch』のフレームシアターです。フレームを使うことによって二次元の世界が三次元の雰囲気をつくり出してくれます。

3．劇やパペット劇にする

　いわゆる劇化です。学校の文化祭や学芸会、保護者参観といった完成品を見せるというのではなく、45分の中で子供達がグループをつくり「自分の役をこなし、自分達が劇をやって楽しむ」ことを目標にすると良いでしょう。動作をしながら英語を話すことで、自然に意味が分かり、その登場人物の気持ちも分かってきます。実際に舞台に立つのが恥ずかしい子供の場合、パペット劇は有効です。ぬいぐるみやパペットを手に持つと安心してセリフが言えます。

　上の写真はお馴染みの『大きなカブ』です。おじいさんがおばあさんを呼びにいき、「Please help me. Please come here. Let's pull the turnip! Yo-heave-ho! Yo-heave-ho!」と、かけ声をかけます。観客に見せる劇ではないので、間違っても良いのです。幼稚園年長さんから小学校低学年の子供達は、「ごっこ遊び」が大好きで休み時間には劇遊びをしています。先生が「できるかな」と心配しなくても子供達は面白がってお話の登場人物になれるのです。

　また、「劇化」は低学年・中学年の特権ではありません。高学年では、さらに質の高い「劇化」ができます。Eric Carl の『Panda Bear, Panda Bear, What Do You See?』を使って、創作劇をつくってみました。

　「動物の名前」をグループの「友達の名前」に変えてみました。現在分詞（〜している）のところの動詞も変えました。日本語訳すると次のようになります。ケンちゃん、愛ちゃん、大ちゃん、典ちゃんが円になって内側を向いて座ります。ケンちゃんが、隣りに座っている愛ちゃんに尋ねます。次は、愛ちゃんが大ちゃんに尋ねます。

　　　ケンちゃん「愛ちゃん、愛ちゃん、何見てるの？」
　　　愛ちゃん　「私のそばで寝ている大ちゃんを見てるのよ。
　　　　　　　　大ちゃん、大ちゃん、何見てるの？」
　　　大ちゃん　「僕のそばで踊っている 典ちゃん見てるの。
　　　　　　　　典ちゃん、典ちゃん、何見てるの？」
　　　典ちゃん　「僕のそばでジャンプしてるケンちゃんを見ているよ。
　　　　　　　　ケンちゃん、ケンちゃん、何見てるの？」
　　　ケンちゃん「僕のそばで座っている愛ちゃん見てるの」

　このように、4, 5人のグループで見ているものをどんどん変えて動作をつけて遊びます。walk, run, swim, dance などの動詞を教えてあげると知らないうちに単語（語彙）も獲得できます。

4. チャンツにする

　キャロリン・グラハム（Carolyn Graham）がリズムチャンツを考案しました。リズムチャンツは英語を第二言語として学ぶ（English as a Second Language/ESL）学習者のための教授法です。音楽家でもあるキャロリンはピアノを弾いている時に、伝統的なアメリカのジャズが英語の自然な「話し言葉」のリズムと同じであることに気づきました。1980年〜90年代にリズムチャンツは第二言語教授法（ESL Teaching Methods）として広がりました。現在、ESL だけでなく英語を外国語として学ぶ学習者（English as a Foreign Language/EFL）に普及しています。英語のリズムや強勢・イントネーションを獲得するのにチャンツはとても有効です。

　では、どのようなものか見てみましょう。ナーサリーライムに登場する Baa baa black sheep の詩です。

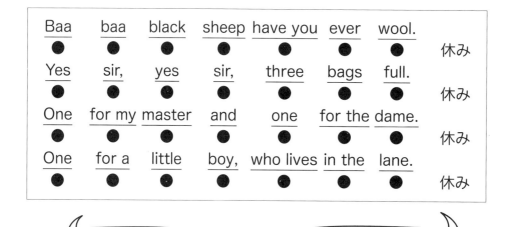

どの行も手拍子7つで休み1つだね

Baa, baa, black /b/ の音の繰り返し。
Yes sir, yes sir で、リズムにのるね。

　　黒い綿羊さん、どのくらい毛がとれるのですか。
　　そうですね、袋に3杯くらいですね。1杯はご主人に、もう1杯は奥様に、
　　あとの1杯は丘を下ったところのみすぼらしい小屋に住んでいる
　　羊飼いの男の子の分ですよ。

参考：この歌から16世紀のイギリスでの「地主と小作人」の関係が想像できます。領主など地主は、農民との共有地だった畑や野原を柵で囲い込み、羊を飼うための牧場にしました。海外で毛織物の需要が増えると毛織物業が盛んになりその原料の羊毛が高騰しました。領主様は3分の2を取ってしまい、羊飼いをしている小作人には3分の1だったのですね。

5．歌や踊りやゲームにする

　Pat Hutchins の『Silly Billy』を読み聞かせた後、フルーツバスケットを真似た「Silly Billy バスケット」というゲームをしました。主人公の Hazel（小学校低学年くらいの女の子）が弟の Billy に遊びの邪魔をされます。家族からは、「弟は小さいのだから我慢しなさい」と言われますが、最後には Hazal は知恵を働かせて素敵なアイデアを思いつき弟に邪魔されずに遊ぶことができます。幼い姉弟の間によく起こる出来事です。この絵本を小学校低学年で読み聞かせるとヘイゼルに共感する子供は多いのです。絵本を読んだだけでは感動が少ないので、これをゲームにしてみました。

　フルーツバスケットのイチゴ・モモ・バナナ・リンゴの代わりに、カード（cards）・人形の家（a doll's house）・電車セット（a train set）・積み木（blocks）を用意します。鬼（Billy）は円の真ん中に立ちます。その他の子供達はその周りに椅子を置き座ります。

　周りに座っている子供が、

　　　Silly Billy, Silly Billy, what do you want?
　　　He's only little, he's only little.
　　　Silly Billy, Silly Billy, what do you want?　と、チャンツで尋ねます。

　ビリーは、

　　　I want cards/ a doll's house/ a train set/ blocks と答えます。

「I want cards！」と言うと、「カード（cards）」を持っている人だけが席を立って他の席に移動しなければなりません。もし全員を入れ替えたいのであれば、「I want all!」と言います。

　このゲームをするうちにチャンツの言葉を覚えてしまいます。また、He's only little を言う時、「小さい」という意味で片手を前に出し、背が低いというジェスチャーを入れると、little の意味が自然に理解できます。また「積み木（blocks）」や「電車セット（a train set）」などの英語を繰り返すうちにその単語を自然に覚えてしまいます。

　また、歌や踊りにしてはどうでしょう。『キラキラ星』や『メリーさんの羊』などのメロディで、お話を簡単につくり変え歌ってみるのも楽しいでしょう。つくり変えることが容易でない時は、物語性のある歌を You tube から探してくるのも良いと思います。You tube は画像もあるので子供達は喜びます。『Old McDonald Has a Farm』や『Twinkle Twinkle Little Star』はとても歌いやすいです。Eric Carl の絵本『Today Is Monday』は歌詞と音符付きです。

　歌えるようになったら、ジェスチャーをつけてみると良いでしょう。いわゆるお遊戯です。歌を録音してあげて、それに合わせて踊るのも楽しいですね。どんな動作にするか話し合って決めると創作ダンスになります。低学年の子供達は体を動かすことが好きです。表現力を引き出す良い機会になります。

6. ストーリーテリング

　ストーリーテリングは、絵本の内容を理解した上で、自分の言葉でお話を語ります。暗記して覚えたことを話すのではなく、内容やお話のテーマを良く理解した上で、どの場面を強調するのか、聞いている人に何を語りかけるのかをはっきりさせて行います。英語を使い慣れるとできるようになります。語る人がお話に出てくる登場人物の扮装をして語るストーリーテリングを The Character Imagery Storytelling Style といいます。聞いている人をグンとお話の世界に引き込むことができます。

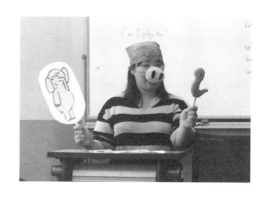

　この方法は、ちょっと変わった読み聞かせで「一人芝居」といえます。表現方法を工夫し、自分の言葉でお話をします。登場人物の声を変えてドラマティックに演じます。右の写真の学生さんは、ペープサートと組み合わせて『Can I Play Too?』という絵本のお話をしています。登場人物は、ゾウとヘビとブタです。学生さんは「右手でゾウ、左手でヘビ、ブタは持てないので、自分がブタになりました！」と言っていました。

　左の写真は、Eric Carle の『Today Is Monday』の絵本をカードシアター風にしてストーリーテリングをしています。「一週間の毎日のおかずを紹介する内容なのでお母さんになってストリーテリングするのが良いと思い、母からエプロンを借りてきました」と言っていました。エプロンを身に付けることで聞いている子供達のイメージを広げる手助けになります。

　その他にも、絵を描きながらお話する Drawing（描く）という手法があります。Once upon a time, there was a frog と言って、カエルの絵を描きます。続けて He drank a lot of water near the river と言って 川の絵を描きます。日本語で説明する代わりに絵で意味を伝えお話を進める方法です。子供達は絵を見ることで意味が分かるので、英語のリズムや音を日本語の説明で妨げられることなく楽しめます。

Chapter 3
CLIL 的アプローチ指導案

The Very Hungry Caterpillar

THE VERY HUNGRY CATERPILLAR
by Eric Carle（はらぺこあおむし）

▶ こんなお話……

　とても明るいお月様に見守られて小さな卵が産まれました。日曜日の朝、その卵から小さな青虫（caterpillar）が出てきました。お腹を減らせた青虫は、リンゴ（月曜日）、ヨウナシ（火曜日）、プラム（水曜日）、イチゴ（木曜日）、オレンジ（金曜日）を食べますが、まだまだお腹が減っています。土曜日、チョコレートケーキやアイスクリームなどたくさんのものを食べたその夜、お腹が痛くなりました。日曜日、美味しい緑の葉っぱを食べたら気分が良くなりました。小さな青虫は、太っちょの青虫になり、サナギ（cocoon）になりました。2週間以上その中にいた後、外の殻をもぐもぐ食べて（nibble）穴を開け、ついに外に出てきた時には、美しいチョウ（beautiful butterfly）になっていました。

▶ 題材について

　日本語訳の『はらぺこあおむし』は幼稚園や保育園などでは、とてもポピュラーなお話です。お話の大体はどの子供達も良く知っているので、英語で読み聞かせする時は、英語の軽快なリズムの楽しさを味わわせてあげてください。子供達が「hungry は『はらぺこ』ということか……」と感じてくれたら良いですね。

　3時間で計画を立てました。1時間目は、どんなお話かを知っている子供達に説明してもらっても良いでしょう。2時間目の大きな目的は、「人間の成長」と比べてその違いに気づくことです。3時間目はカブトムシやクワガタの写真を用意し、チョウは完全変態（幼虫―サナギ―成虫）の仲間であることを知り、感動を持てるような流れを工夫してみてください。理科関連の横断学習につなげることもできるでしょう。

1. 指導計画（3時間扱い）

	学習目標	言語材料
1時	青虫の成長過程を知り、英語で曜日を言う	Monday, Tuesday, Wednesday, Thursday, Friday, Saturday, Sunday, very hungry, still hungry
2時（本時）	青虫の成長過程を、人の成長過程と比べ感想を持つ	apple, pears, plums, strawberries, oranges I have an apple. It's Monday.
3時	青虫と同じ成長過程を持つ生き物を知り感想を持つ（カブトムシ、クワガタなど）	egg, caterpillar, cocoon, butterfly, chocolate cake, icecream corn, pickle, Swiss cheese, salami, lollipop, cherry pie, cupcake, watermelon

2. 本時の学習目標

○青虫の成長過程（卵―幼虫―さなぎ―成虫）が分かり興味を持つ（内容・思考）
○曜日の名前と果物の名前をリズムにのってチャンツする（言語）
○友達と協力して、マッチゲームをする（協学）

3. 言語材料

〈単語〉

Monday, Tuesday, Wednesday, Thursday, Friday, Saturday, Sunday
one apple, two pears, three plums, four strawberries, five oranges

〈文構造〉

I have an apple.
It's Monday.

ボードシアター

Chapter3　CLIL的アプローチ指導案

4. 本時の流れ

学習目標	指導内容	備考★　評価☆
1. Greeting ○チョウと挨拶する ○チョウの赤ちゃんの形を考える	○チョウ（絵カード）が挨拶する Hello! Please guess. Which one is my baby?	★絵カード 　卵、チョウ、カエル、鳥、人間のカード
2. Listen to the story ○ hungry の意味を考える ○曜日の言い方を知る ○チョウの成長の過程を絵カードで確認する ○人間の成長過程と比べて、感想を持つ	○題の意味について尋ねる ○指さしやジェスチャーで意味を伝える ○人間の赤ちゃんと比較し考えるよう促す	★絵カード （成長過程、チョウと人間） ☆人間の成長過程と比べて考えている
3. Let's chant! A: What did you eat? B: One apple on Monday, What did you eat? A: Two pears on Tuesday,	○手拍子をしながらリズムにのって言えるようにサポートする	☆進んで練習している
4. 果物・曜日マッチゲーム ○絵カードを持つグループと曜日カードを持つグループに分かれ、絵カードと曜日カードがマッチしたら1ポイントとする 　3ポイントになったら席に戻り虫食いの文字を考える	○一人に1枚配る ○3ポイントで席に戻るように指示する ○黒板に虫食い単語を書いておく	★絵カード組 （リンゴ、ナシなど） ★曜日カード組 （月、火など） ★文字への気づき 　虫食い文字、(　)pple, pe(　)r など
5. 振り返る 「hungry の意味が分かった」 「チョウの成長が分かった」 「英語で曜日が言えた」	○ノートのまとめを促す （絵／日本語での説明／英語で覚えた単語など）	☆ hungry の意味を知る ☆チョウの成長についてまとめている

5. 評価

　青虫の成長過程が分かり、曜日と果物の名前を知り、友達と協力してゲームができたか。

虫食いワークシート　小文字の練習をしよう

学年　　組　名前

曜日	果物	果物の絵を描こう
Mond □ y	An □ pple	
Tuesd □ y	Two Pe □ rs	
Wednesd □ y	Three plums	
Thursd □ y	Four str □ wberries	
Frid □ y	Five or □ nges	

　黒板で、小文字のaの書き順を習った後、上のように小文字のaの場所だけを虫食いにしたワークシートで練習してみましょう。早く終わった子供には、「果物の絵を描いていてね。数も間違えないようにね」と指示すると良いでしょう。

　大文字のTを学習させたいと思ったら、Tuesday, Thursday, Two, ThreeのTの場所を虫食いにすると良いです。上の例では四角（□）で虫食いを表しましたが、虫が食べた形にすると面白いでしょう。

Chapter3　CLIL的アプローチ指導案

チャンツの仕方　チャンツは4拍子

　チャンツは4拍子です。母音に強勢（ストレス）がきます。What do you eat？の時は、Whatのaのところに1番目の強勢、do youはつなげて2番目の強勢がきます。eatに3番目の強勢です。ハテナマーク（？）は、1拍休みます（ウン）。全部で4拍、手拍子できます。One apple on Mondayは、単語がちょうど4個あり、その単語の中に母音がありますから、単語の数と手拍子の数が同じになりチャンツしやすいですね。

```
What   do you   eat    ?        One   apple   on    Monday.
 ●      ●      ●     ウン       ●     ●     ●      ●

What   do you   eat    ?        Two   pears   on    Tuesday.
 ●      ●      ●     ウン       ●     ●     ●      ●
```

　Four strawberries on Thursdayのstrawberriesは長い単語ですが、strawのawのところに強勢をおいて1拍です。単語の数が4個で、拍も4個です。

　青虫君が土曜日に食べる色々なものをチャンツする時は、その単語だけを取り上げて4拍子をつくることができます。
　例えば、
　one piece of chocolate cakeでは、oneのところで1拍、piece ofのieで1拍、chocolateのchoに強勢をおいて1拍、cakeのaに強勢をおいて、合わせて4拍になります。
　one slice of Swiss cheeseでは、oneで1拍、slice ofは1拍、Swissで1拍、cheeseで1拍です。

　何度も子供達と一緒に口に出して言っているとリズムにのって言えるようになります。頭で分かっているだけではできるようになりません。実際にやってみましょう。青虫君が土曜日に食べる物は次の通りです。どこに強勢がくるか考えてみましょう。

　　one piece of chocolate cake,
　　one icecream corn,
　　one slice of Swiss cheese,
　　one slice of salami,
　　one lollipop,
　　one piece of cherry pie,
　　one sausage,
　　one cupcake,
　　one slice of watermelon

ゲームの仕方　果物・曜日マッチゲーム

①30人のクラスの場合、絵カード組（15人）と曜日組（15人）に分かれます。絵カードはリンゴ、ナシなど3枚ずつ用意します。曜日カードは、Monday, Tuesday など3枚ずつ用意します。絵カード組には絵カードを1枚ずつ配り、曜日組には曜日を1枚ずつ配ります。

②歩き回って、次の会話をして、マッチするカードを持っている友達を探します。

　　A ：Hello! I have an apple.
　　B ：Hi! It's Monday
　　AB: Yeahhhh! Match!（マッチした時）
　　AB: See you! Bye!

　　C ：Hello! I have an apple.
　　D ：Hi! It's Wednesday
　　CD: Oh, no!（マッチしない時）
　　CD: Sorry. Bye!

③果物の絵カードと曜日カードのマッチが難しい時は、果物同士（リンゴとリンゴ、ナシとナシなど）のマッチができます。字を読むことを目的としている時は、絵なしで字だけでマッチさせることもできますし、一方のチームは、文字（apple）で、もう一方のチームには、絵カード（リンゴの絵など）にしてマッチさせることもできます。

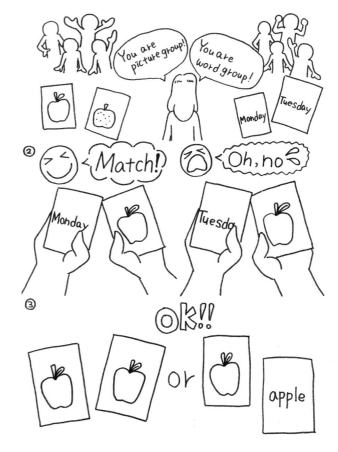

Chapter3　CLIL 的アプローチ指導案

生き物の習性が分かる Eric Carle の絵本

① The Very Quiet Cricket

　日本語訳は、『だんまりこおろぎ』となっています。英語では、Quiet の Q の音が /k/ で、Cricket の C の音も /k/ で、頭韻を踏んでいるので、大きな声を出して子供達と一緒にタイトルを読むと英語のリズムを感じることができます。

　こんなお話です……
　若い産まれたばかりのこおろぎ君は、様々な生き物に出会い、羽をこすり合わせて挨拶をしようと思うのですが思うように音が出ません。時が流れ、こおろぎ君はおとなになり、もう一匹のだんまりこおろぎさんに会います。さて、こおろぎ君は、素晴らしい音色を響かせることができるでしょうか。
　お話の中に色々な虫が出てきます。おとなのこおろぎ（big cricket）、バッタ（locust）、カマキリ（praying mantis）、ミミズ（worm）、アワフキムシ（spittlebug）、セミ（cicada）、マルハナバチ（bumblebee）、トンボ（dragonfly）、蚊（mosquito）、ミズアオガ（luna moth）などです。野原で起こる虫達の出会いの場面が面白く繰り返されてお話の展開を予想しやすくなっています。

② The Very Busy Spider

　ある早朝、農家の庭先で一匹のクモが体から絹のような糸を出しクモの網をつくり始めました。ウマ、ウシ、ヒツジ、ヤギ、ブタ、イヌ、ネコ、アヒル、ニワトリが話しかけますが、返事もせずにクモの網をせっせとつくり続けます。さて、クモの網はできあがるのでしょうか。
　絵の素晴らしさに心が動きます。銀色のクモの糸はハッとするほど美しく思わずじっと見つめてしまいます。緻密に計算された完成品は芸術品といっても良いでしょう。Eric Carle の観察眼と表現力が紡ぎだした作品です。

③ A House for Hermit Crab

　ヤドカリは名前の通り、宿を借りて成長します。海の中で一匹の気の弱いヤドカリ君が周りの生き物達と出会い友達になり、また別れも経験して成長する物語です。成長するのは体だけでなく心も強く成長する様子が描かれています。

　お話は、1月（January）から始まります。家探しを始め、2月（February）に新しい貝（家）を見つけます。恐る恐る海の底を歩いて3月（March）にイソギンチャク（sea anemones）に出会い、自分の家（貝の上）に住んでもらいます。4月にはヒトデ（starfish）、5月はサンゴ（coral）、6月は巻き貝（snails）、7月にウニ（sea urchins）に会い、8月は海藻の森をさまよいました。9月に光るハダカイワシ（lanternfish）に会い、10月には小石（pebbles）を見つけて一緒に住む仲間がいっぱいになりました。しかし、11月には住み慣れた家が狭くなり引っ越しをしなければならなくなりますが、友達いっぱいの住み慣れた家を出ることをためらいます。12月、自分より少し小さいヤドカリさんに出会い、自分の家を譲ることを決心します。また巡ってきた1月、ヤドカリ君は住み慣れた家を出ました。ヤドカリ君は、こう言います。「もう怖くない。すぐに、大きくて空っぽで完璧な貝を見つけるさ。まだまだ、今までに出会っていない仲間達と一緒に暮らすことだってできる。たくさんの可能性があるんだ！」と。生きる勇気と前向きに考えることの楽しさを教えてくれる一冊です。

MISTER SEAHORSE
by Eric Carle（海の生き物達の子育て）

🎈 こんなお話……

　ミスター・シーホース（Mr Seahorse）は、奥さんから産まれたての赤ちゃんを預かり子育てすることになります。海の中を漂っていると、トランペットフィッシュ（trumpet fish）、スティクルバック（sticleback）、ライオンフィッシュ（lionfish）、ティラピア（tilapia）、カートス（kurtus）、ストーンフィッシュ（stonefish）、パイプフィッシュ（pipefish）、ブルヘッド（bullhead-catfish）など、子育てをしているお父さん達に出会います。それぞれのお父さん達は奇想天外な子育てをしています。新しい疑問や好奇心が次々と溢れる内容です。

🎈 題材について

　日本語訳では『とうさんはタツノオトシゴ』という題です。英語で読んであげる時は、Seahorse ってどんな生き物か絵から想像させてあげると良いですね。もしかしたら、保育園児や幼稚園児は「タツノオトシゴ」という日本語に出会うのも初めてかもしれませんね。horse が「馬」と知っている子供は「どうして『馬』なんだろう」という疑問を持ってくれるかもしれません。

　このお話は知的好奇心を揺さぶられます。お母さんが子育てするのが当たり前だと思っている子供達が、そうではない世界があることを知った時どんなに驚くことでしょう。そして、「もっと他の世界を知りたい」という知識欲が芽生えます。絵本は子供の心や脳が成長する「きっかけ」を提供してくれるのです。

　3時間の指導計画を立てました。1時間目は登場する奇妙な魚の英語の名前を知ります。名前が分かると親しみがわきます。2時間目は登場する海の生き物の子育てに興味を持てるような授業にしたいです。3時間目は、2時間目に学習した会話を使って簡単な劇をするように計画を立てました。

1. 指導計画（3時間扱い）

	学習目標	言語材料
1時	登場する生き物の名前を知り、それぞれの体の特徴について考える	seahorse, trumpet fish, sticleback, lionfish, tilapia, kurtus, stonefish, pipefish, bullhead-catfish
2時（本時）	お話の内容が分かり海の生き物達の子育てについて感想を持つ	Hello. How are you? Fine, thank you and you? Good. Fine. Tip-Top.
3時	チャンツの会話を使って簡単な劇をする	I am happy/busy/ delighted.

2. 本時の学習目標

　○登場する海の生き物達の子育てについて感想を持つ（内容・思考）
　○登場する海の生き物達の間で交わされる「挨拶」をチャンツする（言語）
　○友達と協力して、「挨拶」の会話ゲームをする（協学）

3. 言語材料

〈文構造〉
Hello. How are you?
Fine, thank you and you?
Good! Fine!

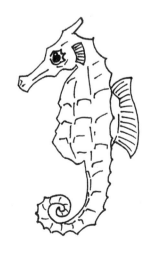

Chapter3　CLIL的アプローチ指導案

4. 本時の流れ

学習目標	指導内容	備考★　評価☆
1. Greeting ○登場する魚の名前を言う ○それぞれの魚の体の特徴に気づく	○ Hello! How are you! (song) 　Do you know these fish? ○登場する魚のカードを見せる	♪ ★魚の絵カード ★日本語との違い /s/,/tr/,/f/ seahorse , trumpet fish, …
2. Listen to the story ○主人公が何をするか考えながら聞く ○他の魚達は何をしているか考えながら聞く ○登場した魚達について感想を持ち発表する ○気に入った魚の名前を発表する	○主人公のタツノオトシゴは、ペープサートで用意し、各場面は紙芝居につくる ○説明しているものを指し示したり、ジェスチャーしたりして意味を伝える	★文字への気づき ☆魚の名前の文字を読もうとする ☆驚いたことや初めて知ったことを自分の言葉で説明している
3. Let's chant! A:How are you? B:I am fine/happy, and you? A:Tip-Top/Delighted.	○チャンツの仕方を説明する ○ストレス（強勢）に気づかせる	★リズムへの気づき ★4拍子 ☆進んで練習している
4. 魚の絵合わせ会話ゲーム ○自由に立ち歩いて同じ絵カードを持っている人を見つける	○チャンツの会話を使った絵合わせゲームの説明をする ○同じ絵カードを持っている人を3人見つけたら自分の好きな魚の文字を黒板に書くように指示する	★文字付き絵カード（手の平サイズ） ☆進んで会話をしている
5. 振り返る ○予想される反応 「魚の名前が読めたよ」 「英語で書けたよ」 「3人と会話したよ」	○黒板にある魚の名前（子供が書いた字）を全員に読ませる	★文字への気づき ☆文字を読もうとしている

5. 評価

お話の内容を理解し、海の生き物達の子育てについて自分の感想を持ち、友達と協力してチャンツで会話ができたか。

参考：黒板に好きな魚の名前を書かせる時、アルファベットを書くことに抵抗がなければ英語で書くように促し、抵抗があればカタカナで書いても良いと思います。

チャンツの仕方　Let's chant!

チャンツは4拍子で行います。拍を取るところに●を付けました。「ウン」は休符です。普通は単語の中にある母音 (a, i, u, e, o) に強勢 (stress) が付きます。I am（アイ アム）は、I'm（アイム）のほうがリズムにのりやすいですが、and you がない時、「I am happy ウン」としても良いですね。

```
A: How   are   you    ?
   ●     ●     ●    ウン
B: I'm   fine  and   you? / I'm happy and you ? / I'm busy and you?
   ●     ●     ●     ●
A: Tip - Top
   ●     ●    ウン  ウン
```

AB: Are you ready? One, Two, Three！（絵カードを見せ合う）

AB: See you!（違う絵カードの時, また会話の相手を探す）
　　Match!（同じ絵カードの時）

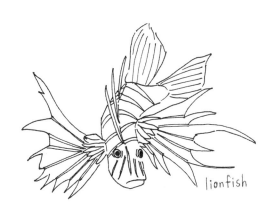
lionfish

魚の絵合わせゲームの仕方　Let's game!

①使用する絵カードの絵は登場する魚達がベストですが、教材をつくる時間がない時は、子供達に同じ魚の絵を2枚描いてもらうと良いでしょう。絵カードにその魚の英語名を入れると子供達は文字に関心を寄せます。その子供の名前の魚にすると簡単です。例えば、太郎君が描いた絵カードには「太郎FISH」や「TARO FISH」など、F, I, S, Hの文字指導も同時にできます。

②クラスを2グループ（例えば、AチームとBチーム）に分け、チャンツの会話をした後、絵カードを同時に見せ合い、自分のカードと同じカードを持っている相手チームの人を探します。同じカードを持っている人を見つけたら、そのカードを先生に返しまた新しいカードをもらいます。違うカードの時は、同じカードを持っている人と出会うまでチャンツの会話を繰り返します。なお、絵カードには文字も入れたほうが良いと思います。文字を入れておくと自然に読めるようになります。

③神経衰弱ゲームをするのも一案です。登場する魚の名前と絵を小さなカード（B4画用紙の8分の1の大きさ）に描かせます。同じものを2枚用意させます。魚の名前を見様見真似で写すことは文字への気づきにもつながりますから、魚の絵と英語の名前がある「見本シート」を配布しておくと作業は速いです。

時間がない時は、その「見本シート」を見ながらタッチゲームをしても良いです。先生が、
　　I say a stone fish, so you should touch a stone fish と言って、
　　Touch your head and touch a stone fish.
　　Touch your shoulders and touch a stone fishのように指示を出すと良いでしょう。

④「見本シート」の中の一番好きな魚だけに色を塗って提出させると、どの子供がどの魚に興味があるか分かります。また回収する時に、どうして好きなのかを一人一人聞いてあげると子供の嗜好が分かります。クラス30人いると一度に全員に尋ねる時間はありませんが、「今日は5人、次は違う5人とのお喋り」と思えば30人とのお喋りは簡単です。また、掲示板が空いていたら、張り出してあげると良いです。子供達は、自分と同じ魚に色を塗った友達を見つけることができます。クラスの傾向も把握できます。小さなことですが学級経営にもプラスです。

⑤ Go Fish! ゲーム

ババ抜きに似ています。同じ文字が書かれたカードを2枚ずつ20組ほど用意します。文字だけのカードを一人に3枚配ります。残りのカードは真ん中に伏せて積んでおきます。Aさんが「Do you have a seahorse?」と尋ね、Bさんが「Yes, I do」の時、BさんはAさんに持っているカードをあげます。Aさんは2枚そろえて捨てます。Bさんが持っていない時、Bさんは「Go Fish!」と言って積まれたカードから1枚取ります。手持ちのカードがなくなった人が勝ちです。

Inch by Inch
by Leo Lionni（インチワーム）　*The Caldecott Honor Book*

🎵 こんなお話……

　ある日、お腹を空かせたコマドリ（robin）が、尺取り虫（inchworm）を見つけ飲み込もうとした時、尺取り虫が言いました。「僕は、役に立つよ、いろんなものを測れるよ」「じゃ、私の尾っぽの長さを測って！」ということで、尺取り虫はロビンの一飲みから逃れました。その後、フラミンゴ（flamingo）の首の長さやトーカン（toucan）のくちばし、サギ（heron）の足の長さやキジ（pheasant）の尾を測りました。ある朝、ナイチンゲール（nightingale）に出っくわし、ナイチンゲールに「歌の長さを測れなければお前を私の朝ごはんにしてしまう」と言われ尺取り虫は困りました。でも、知恵を出してナイチンゲールの歌の長さを測ることにしました。さて、どんなアイデアでしょうね。

🎵 題材について

　作者のレオ・レオニは生き物達の「知恵」をテーマにいくつかの本を書いています。7月の指導計画に設定した『スイミー』では、スイミーの知恵と仲間の協力で困難を乗り越えています。このお話の主人公インチワーム（尺取り虫）は、そのしたたかさで苦境を乗り越えます。困難に出会っても機転を利かせてその場を切り抜けます。勇気をもらえるお話です。

　3時間扱いで計画を立てました。1時間目は登場する生き物達の名前を知り、2時間目は数字の言い方に慣れます。クラスの実態に応じて、1から10まででも良いし、10から、5ずつ上がる言い方、5, 10, 15, 20, 25……でも良いし、10ごとに上がる10, 20, 30, 40……でも良いと思います。3時間目はインチワームの知恵に共感する設定にしました。

1. 指導計画（3時間扱い）

	学習目標	言語材料
1時	登場する鳥の名前を知る	robin, flamingo, toucan, heron, pheasant, hummingbird, nightingale
2時	数字（1から10まで）を英語で言う	one, two, three,…
3時 (本時)	インチワームの機転に感動する	The robin's tail is (　　) inches long.

2. 本時の学習目標

○お話の内容を理解し、インチワームの知恵に共感する（内容・思考）
○登場する鳥の体の部分をいくつ分で測り英語でその数字を言う（言語・思考）
○友達と協力してグループ活動する（協学）

3. 言語材料

〈文構造〉
　　The Robin's tail is (　　) inches long.
　　The Flamingo's neck is (　　) inches long.

4．本時の流れ

学習目標	指導内容	備考★　評価☆
1. Greeting ○ Inchworm Song 歌を聞く	○インチワームの人形 ♪ Hello! I am Inchworm. 　I measure things. 　Your finger is 2 inches long. 　Your arm is 10 inches long.	♪ From one to ten ★インチワームの3センチ位の（1inch=2.54cms）紙テープを全員分用意する
2. Listen to the story ○インチワームがすることは何か考える ○インチワームについて感想を持つ	○登場する鳥の紹介（実物大の絵）	★ a robin, a flamingo, 　a toucan, a pheasant, 　a hummingbird, 　a nightingale
3. 測ってみよう 　（Measure things!） ○グループで協力して分担して測る	○ロビンの尾、フラミンゴの首、トーカンのくちばし、ハミングバードなどをいくつ分で測らせる	★ワークシート： 　測った長さ（いくつ分）を書く 　ロビンの尾の長さ 　フラミンゴの首の長さ 　　　　　　　　　　など
4. Let's chant! The Robin's tail is five inches long. The Flamingo's neck is (　) inches long. The Toucan's beak is (　) inches long.　　など ○グループでチャンツを発表する	○グループで測った数字を入れてチャンツ練習をするよう促す ○ナイチンゲールの測り方についてグループごとに相談するように促す	☆グループで助け合って練習している ☆ナイチンゲールの歌について話し合っている
5. ナイチンゲールの歌はどのように測ったか発表する	○グループで相談したことを発表させる	☆ナイチンゲールの歌の測り方について考えている

5．評価

　インチワームの知恵に共感し、グループで協力して鳥の色々な部分をインチワームのいくつ分を使って測り、チャンツのリズムで言えたか。

測ってみようワークシート　例　グループで1枚

	測るもの	インチワームの紙テープでいくつ分？
1	ロビンの尾 Robin's tail	
2	フラミンゴの首 Flamingo's neck	
3	トーカンのくちばし Toucan's beak	
4	サギの足 The legs of the heron	
5	キジの尾 The tail of the pheasant	
6	ハミングバードの体 The whole humming bird	
7	ナイチンゲールの歌 The nightingale's song	

参考：
　ナイチンゲールの歌をどのように測り、どのくらいの長さだったかをグループや友達と話し合い、日本語で説明が書けるように、欄は少し大き目のほうが良いと思います。このお話の面白いところがまさに、「ナイチンゲールの歌を測る」という頓知です。

鳥の名前：
　Robin：コマドリ　春を告げる鳥
　Flamingo：フラミンゴ
　Toucan：オオワシ
　Heron：サギ
　Pheasant：キジ
　Hummingbird：ハチドリ
　Nightingale：サヨナキドリ

チャンツの仕方　Let's chant! 4拍子

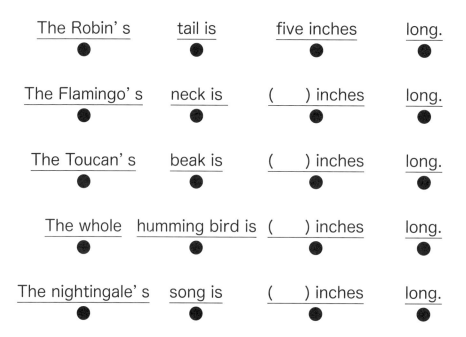

The Robin's	tail is	five inches	long.
The Flamingo's	neck is	(　　) inches	long.
The Toucan's	beak is	(　　) inches	long.
The whole	humming bird is	(　　) inches	long.
The nightingale's	song is	(　　) inches	long.

Leo Lionni の絵本

① Fish is Fish　　日本語版：さかなはさかな

「人生は自分探しの旅」という人もいますが、この絵本の中の主人公は「自分にできること、できないこと」に気づきます。できないことがあるからいけないのではなく、できないことが分かった時どうすれば良いかを考えます。できない時に支えてくれる誰かがいることに幸せを感じます。

　こんなお話……

　池の中、オタマジャクシとお魚君はいつも一緒に遊んでいます。オタマジャクシに前足が出て尻尾が小さくなり、オタマジャクシはカエルになり池からいなくなりました。ある日、池に戻ってきたカエルは、自分が見てきたことをお魚君に話します。鳥やウシや人間のことを。お魚君はカエルが教えてくれたものに会いたくなりました。思い切りジャンプして、池のそばの草むらに上がったのですが……。

　パステル調の柔らかい色使いにうっとりします。また、お魚君が見たこともない鳥やウシ、人間の姿をカエルから聞いて想像する場面の絵は可笑しくてついつい吹き出しそうになります。

② A Color Of His Own　日本語版：じぶんだけのいろ

　「自分らしさ」って何でしょう。外見で判断できるものではありませんね。このお話も、レオ・レオニの作品のテーマである「友情」がお話の底に流れています。主人公のカメレオン君は、自分の体の色がゾウやブタのように「自分だけの決まった色ではない」ことに不満です。レモンの上では黄色、ヒースの花の中にいると体が紫色になってしまいます。カメレオン君は、一生懸命考えた末に色が変わらない葉っぱを見つけました。ところが、秋になると……色が変わってしまいました。ある時、もう一匹のカメレオンが現れ、いつも一緒に行動することになりました。そして、悩んでいたカメレオン君は、自分の体の色にこだわるよりも、もっと大切なことを学ぶのです。誰かがそばにいてくれるだけで幸せな気持ちになれるのですね。

　『スイミー』のお話も、スイミーが考えて考えてアイデアを思いつきます。このお話のカメレオン君も、どうすれば問題解決できるか必死に考えます。「考えること」が苦手になってきている現代の子供達には「考えること」の大切さを知ってほしいと思います。是非読んであげたい一冊です。

③ Little Blue and Little Yellow　日本語版：あおくんときいろちゃん

　あおくんときいろちゃんは仲良しです。一緒に遊んでいる間にみどりちゃんになってしまいました。みどり色になったあおくんが家に戻ってもあおくんのお母さんは、「うちの子供ではない」と言います。みどり色になったきいろちゃんが家に戻っても、きいろちゃんのお母さんは、「うちの子供ではない」と言います。困った二人は大泣きしてしまいます。すると、みどり色の涙が出て、あおくんは元のあおくんに戻り、きいろちゃんは元のきいろちゃんに戻りました。そして、お母さん達は自分達の子供だと分かりました。

7月のお話

Swimmy
by Leo Lionni（スイミー）　*The Caldecott Honor Book*

🎬 こんなお話……

　海の底に小さな赤い魚達がいました。みんな赤いのにスイミーだけは真っ黒、でも泳ぐのは誰よりも速かったのです。ある日、大きなマグロ（tuna fish）がやってきて、赤い魚達を一飲みにしてしまいました。スイミーは一人ぼっちで寂しい思いをしながら深い海の底を漂います。ロブスター（lobster）や奇妙な魚（strange fish）やイソギンチャク（sea anemones）などに会いますが、ついに自分と同じ赤い魚達に出会います。「一緒に遊ぼう」と誘いますが、赤い魚達は大きな魚が怖くて岩かげから出られません。そこでスイミーは良いアイデアを思いつきます。スイミーの知恵と団結することの素晴らしさを教えてくれるお話です。

🎬 題材について

　このお話との出会いは小学校の国語の教科書でした。賢いスイミーをリーダーに小さい赤い魚達が協力して大きな魚と戦います。小学校の学芸会の演目になったり、展覧会では作品になったりしました。舞台のバックにバレーボールのネットを貼り、ネットの上に子供達が描いた赤い魚を大きな魚の形に貼り付けました。その脇にコンブやワカメの絵を添えて海の雰囲気を出しました。一人一人が自分の持ち場を守って行動することにより、自分よりも大きなものと対峙して戦えるという「勇気」のお話です。

　3時間で指導計画を立てましたが、1時間プラスしてクラスのお楽しみ会など学年行事に合わせて簡単な寸劇に仕上げても良いですね。

1. 指導計画（3時間扱い）

	学習目標	言語材料
1時	登場する海の生き物の名前を知る	a tuna fish, a medusa (jelly fish), a lobster, an ell, a sea anemone, a forest of seaweeds
2時 (本時)	お話を聞いて内容を理解し一人ぼっちのスイミーの気持ちを考える	A tuna fish came. Red fish were eaten. What's the matter with you? I am scared/ lonely/ sad.
3時	お話を聞いて内容を理解し、スイミーの知恵と勇気について感想を持つ	What's wrong with you? We can't go out. A big tuna fish is there! Don't be afraid! Let's fight!

2. 本時の学習目標

○お話を聞いて内容を理解し、一人ぼっちのスイミーの気持ちを考える（内容・思考）
○チャンツのリズムに合わせて、役になりきって簡単な劇をする（言語）
○友達と協力して、グループ活動をする（協学）

3. 言語材料

〈単語〉

a tuna fish, a medusa (jelly fish),
a lobster, an ell, a sea anemone, a forest of seaweeds

〈文構造〉

What's the matter with you? I am scared / lonely/ sad.

4. 本時の流れ

学習目標	指導内容	備考★　評価☆
1. Greeting 〇T1&T2の会話を聞く 〇スイミーについて知る	〇T1&T2の会話でスイミーを紹介する T1: Hello, how are you? 　　Do you know Swimmy? T2: Yes. He is brave and clever. T1はお面をかぶる T2: Oh! You are Swimmy!	★T1はスイミーのお面を持って登場する
2. Listen to the story 〇登場人物について考える 〇スイミーの行動について感想を持つ 〇スイミーについて考えたことを発表する	〇説明しているものを指し示したりジェスチャーしたりして意味を伝える 〇あらすじを尋ねる お話の順序で絵カードを並べる 〇印象に残った場面を尋ねる	☆友達の意見を聞いている ☆自分の意見を言おうとしている ★場面絵カード
3. Let's chant! 　一斉/グループ練習 A: A tuna fish came. B: Red fish were eaten. A: What's the matter with you? B: I'm scared / lonely /sad.	〇スイミー、クラゲ、エビ、ウナギ、イソギンチャクの役を決め練習するように指示する A: クラゲ、エビ、ウナギ、イソギンチャク B: スイミー	★リズムへの気づき ★イントネーション、ストレス ☆協力して練習している
4. Presentation 〇練習したチャンツをグループごとに発表する	〇役割のお面を配布する	☆友達の発表を聞いている（相互評価）

5. 評価

　一人ぼっちのスイミーの気持ちを考え、友達と協力して簡単な劇を創りあげることができたか。

チャンツの仕方　Let's chant!

4拍子です。●で手拍子をするとリズムが取れます。

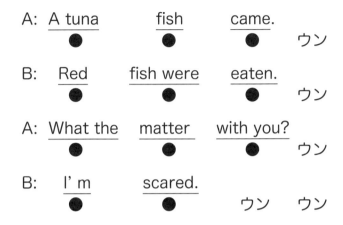

友情に関するお話　by Arnold Robel

① Frog and Toad Are Friends　日本語版：ふたりはともだち *The Caldecott Honor Book*

　5つの短いお話 (Spring/The Story/A Lost Button/A Swim/The Letter) です。The letter「お手紙」は小学校の国語の教科書にも採用されています。

② Frog and Toad All Year　日本語版：ふたりはいつも

　5つの短編（Down the Hill/ The Corner/ Ice Cream/ The Surprise/ Chiristmas Eve）は春夏秋冬に関連したお話が盛り込まれています。

③ Days With Frog and Toad　日本語版：ふたりはきょうも

　5つの短編 (Tomorrow/ The Kite/ Shivers/ The Hat/ Alone) です。

④ Frog and Toad Together　日本語版：ふたりはいっしょ　*The Newbery Honor Book*

　5つの短編（A List/ The Garden/ Cookies/ Dragons and Giants/ The Dream）です。

One-Eyed Jake
by Pat Hutchins（海賊の話）

🈁 こんなお話……

　海賊の船長ジェイク（Jake）はとても欲張りです。3人の手下がいますが、3人とも略奪に嫌気がさしています。ジェイクは略奪を繰り返します。略奪したその品物の重さで自分の船が沈みそうになります。挙句の果てには手下達をも船の外に放り投げます。最後にジェイクは宝石など略奪した品物と一緒に海に沈んでしまいます。

🈁 題材について

　海賊の話というと、ディズニー映画の『パイレーツ・オブ・カリビアン（Pirates of the Caribbean）』を思い出しますね。また、ディズニーのアニメ映画の『ピーターパン（Peter Pan）』に登場するフック船長も海賊です。このお話に登場する海賊の親分は、とても欲深く襲った船の積み荷全てを欲しがります。冒険物語を好む子供達には面白い内容です。

　3時間で計画を立てました。1時間目は海賊のイメージを広げるため「海賊」という言葉から連想する「言葉集め」を日本語でします。そして、「海賊、宝物、略奪」などの単語を先生が英語に直してあげると良いですね。また、「船や海」といった単語も出てくるでしょう。2時間目は海賊の親分に焦点を当てて読み深めると良いですね。3時間目は手下の気持ちを考え、続き話をつくってみると創造力を育むことができます。

1. 指導計画（3時間扱い）

	学習目標	言語材料
1時	お話を聞き、海賊に関連する言葉集めをする	海賊、宝物、略奪、船、海、沈む (pirate, treasure, rob, steal, ship, cargo, boat, sea, sink)
2時（本時）	お話の内容を理解し海賊の船長がしたことや登場人物の性格について考える	rob, steal, ship, cargo, boat, I don't like stealing.
3時	お話の内容を理解し手下の気持ちを考え、続き話をつくる	I don't like~ ing. I want to be~.

2. 本時の学習目標

○海賊の船長がしたことを知り、船長の性格について感想を持つ（内容・思考）
○繰り返しのフレーズや音の面白さに気づきチャンツする（言語・思考）
○友達と協力してチャンツで発表する（協学）

3. 言語材料

〈単語〉

rob, steal, ship, cargo, boat

〈文構造〉

I don't like stealing.

4. 本時の流れ

学習目標	指導内容	備考★　評価☆
1. Greeting ○海賊と挨拶する	○海賊になって自己紹介する My name is One-Eyed Jake. Hello! How are you? I am a pirate. Do you know what a pirate is? I like treasures and I like robbing and stealing.	★海賊の帽子、片目のパッチなどを付けて登場する ペープサートでも良い
2. Listen to the story ○登場人物を知る ○海賊のJakeは、どんな人物か考えながら聞く	○説明しているものを指し示したり、ジェスチャーしたり役割により声を変えたりして意味を伝える	★登場人物の絵カード
3. 自分の考えを発表する ○海賊のJakeについて自分の意見を持ち発表する ○他の登場人物について考える	○グループ内で意見交換後、グループの代表にグループの意見をまとめて発表させる	☆グループで話し合っている
4. Let's chant! A: Rob every ship! B: I don't like stealing. A: Rob the huge cargo! B: I don't like stealing. A: Rob the little fishing boats! B: I don't like stealing.	○A：海賊の船長、B：手下 一斉チャンツ 役割チャンツ ○ジェスチャーもつけて練習させる ○ ship, cargo, boatの違いに気づかせる	★船の絵 ☆船（ship, cargo, boat）の色々な言い方に気づいている ★文字への気づき 　ship, cargo, boat ☆役になりきってチャンツをしている
5. チャンツを発表する 　＜グループ＞	○次回日本語で続き話をつくることを告げる	☆表情豊かにチャンツしている

5. 評価

リズムにのって会話ができ、海賊の船長について感想を持つことができたか。

参考：続き話をつくってみました

　小学校5年生に英語で読み聞かせをした後、続き話を書いてもらいました。続き話を書いてくれた15人の中で、「船が沈んだ後、欲張り船長は水没して死んだ」としたのは、たったの一人でした。子供達がつくった続き話は、船長が善人になって終わっています。船長は盗みをやめたとか船長は浮かんできたとか、みんなから取った物を返したというように、小学生は、「めでたし、めでたし」の結果を望むことが分かります。

- ▶主人公は宝物を盗むのをやめた
- ▶良い人になって、もう宝物を奪わない
- ▶みんなに物を返した
- ▶手下の一人が親分になった
- ▶この次もお宝を盗む計画を立てた
- ▶みんな助かりました
- ▶主人公は浮かんできた
- ▶主人公は平和に暮らした
- ▶主人公だけ生き残った
- ▶良い人になって、泥棒もしないで働いた
- ▶船が沈んだ後、主人公は水没して死んだ
- ▶金持ちになった

"Slowly, Slowly, Slowly," said the Sloth
by Eric Carle（ナマケモノの話）

🕚 こんなお話……

　アマゾンの熱帯雨林に生活する「ナマケモノ（Sloth）」が主人公です。ナマケモノは晴れている日も雨の日も一日中同じ木にぶら下がって上を向いたり下を向いたりしています。
　森の動物達がやってきました。「どうしてそんなにゆっくりなの？」と吠えザル（howler monkey）に質問されても答えを見つけることができません。ワニ（caiman）に「どうしてそんなに静かなの？」と質問されても答えを見つけられません。アリクイ(anteater) に「どうして退屈そうなの？」と質問されても答えられません。ジャガー（jaguar）に「どうしてそんなに怠けているの？」と質問されても答えが見つかりません。「自分はどうしてゆっくりで静かで退屈そうなのか」を一生懸命考えます。そしてついに、「自分はゆっくりで静かで退屈そうだけど怠けているわけじゃないんだ、リラックスしてゆっくりするのが好きなんだ」という結論を出すのです。

🕚 題材について

　エリック・カールは、この本の内容にコメントを載せています。
　「私達はいつも、急いで急いで生活しています。コンピュータゲームをしたり、テレビを見たりして、めまぐるしい時間の中で過ごしています。時間をかけなくても良いファーストフードをたらふく食べるのが当たり前になってしまいました。友達と一緒に日の入りを眺め、星を見る時間はなくなっています。少しの食事で満足し、たくさん寝てゆっくり行動する『ナマケモノ』からきっと多くのことを学ぶでしょう」

　アマゾンに生活するたくさんの動物達が、その鮮やかな色で描かれています。巻末の熱帯雨林にいる動物達の絵は子供達の興味を引くことでしょう。ナマケモノの生態に迫ることで知的好奇心を引き出すことができます。

1. 指導計画（2時間扱い）

	学習目標	言語材料
1時 （本時）	熱帯雨林の森にいるナマケモノの習性について考える	howler monkey, caiman, anteater, jaguar, sloth Do you know a (sloth)?
2時	登場する動物達とナマケモノのやり取りの場面をチャンツで会話する	Why are you slow/ quiet/ boring/ lazy?

2. 本時の学習目標

○お話の内容を理解し主人公について感想を持つ（内容・思考）
○繰り返しの文に気づき、Do you know a (sloth)? Yes, I do./ No, I don't. をチャンツで会話する（言語・思考）
○友達と協力して「XX を探せゲーム」をする（協学）

3. 言語材料

〈単語〉

howler monkey, caiman, anteater, jaguar, sloth

〈文構造〉

Do you know a (sloth)?

4. 本時の流れ

学習目標	指導内容	備考★　評価☆
1. Greeting ○アマゾンの場所や気候を予測する	○吠えザル（howler monkey）のお面を付けて登場する。自己紹介する。 I am Howler Monkey. I live in Amazon rain forest. I have a lot of friends in Amazon. Do you know it? I have a good friend. His name is Sloth.	★アマゾン熱帯雨林の場所の地図、動物の絵 ☆アマゾンの熱帯雨林について思い起こしている
2. Listen to the story ○"Slowly, slowly, slowly" said the Sloth のお話を聞く ○ナマケモノについて自分の考えを持ち、発表する	○登場する動物の中で馴染みの動物はいるか尋ねる ○登場する動物のカードを貼る ○ナマケモノは、なぜ返事をしなかったのか尋ねる ○ナマケモノは怠けているのか尋ねる	★吠えザル、ワニ、アリクイなどの絵カード用意 ☆ナマケモノについて自分の考えを持っている
3. Let's chant! A: Do you know a (howler monkey)? B: No, I don't. / Yes, I do. A: Do you know a (caiman)? B: No, I don't. / Yes, I do.	○長い名前のチャンツは繰り返し行う ○一斉チャンツ、グループチャンツ、ペアチャンツの練習を促す	☆動物の名前が言えている
4. XXを探せゲーム 　　（たてよこパズル） ○動物の英語名を見つけて丸で囲む	○グリッドから大文字で書かれた動物の英語名を見つけるように指示する	★文字への気づき （たてよこパズルシート） MONKEY, CAIMAN, ANTEATER, JAGUAR, SLOTH
5. 振り返る　例： 「英語の名前覚えたよ」 「英語で書けたよ」	○アマゾンにいる動物について初めて知ったことなどを尋ねる	☆アマゾンの様々な動物に関心を寄せているか

5. 評価

　ナマケモノについて感想を持ち友達と協力してチャンツで会話をし、「XXを探せゲーム」ができたか。

ワークシート　例 たてよこパズル

動物の名前を見つけたら鉛筆で囲みましょう。

　　　　　　　　　　　　　　　　学年　　組　名前

J	T	A	C		M	1
A			A	S	O	
G	O	D		I	L	N
U			M	O	K	
A	N	T	E	A	T	E	R
R			N	H	Y	
	B	E	A	R		
	K	O	A	L	A	

〈ヒント〉

「かくれている熱帯雨林の動物」
　　　MONKEY / SLOTH / CAIMAN / ANTEATER / JAGUAR

「かくれているその他の動物」
　　　BEAR / KOALA / DOG / CAT

チャンツの仕方　Let's chant!

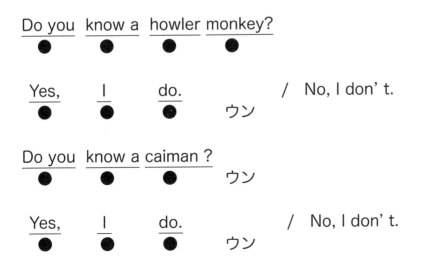

Which Witch Is Which?
by Pat Hutchins（仮装パーティ）

🎵 こんなお話……

　このお話は、双子のエミリーとエラが魔女の仮装で登場し、友達のパーティで綱引きをしたりイス取りゲームをしたりします。作者は各場面で「どっちの魔女がエラでどっちがエミリー？」と読者に質問します。注意深くお話を聞いて絵を見ているとその答えが分かります。/w/ の音が繰り返され、英語のリズムの心地よさに触れることができます。

🎵 題材について

　魔女（witch）には大きくふたつのタイプがあります。良い魔女と悪い魔女です。昭和生まれの私には、「魔女」はテレビ番組の『奥様は魔女』のイメージです。主人公のサマンサは愛嬌のある可愛い魔女で良い魔女です。一方、ディズニー映画の『白雪姫』に出てくる魔女は自分の欲望のために白雪姫の命を狙い亡き者にしようとする悪い魔女です。

　日本では、魔女に悪いイメージはないようです。ここ数年の間にハロウィンがお祭りとして定着し、魔女は仮装のひとつとなりました。若者にとっては魔女は親しみのある存在です。ハロウィンで渋谷に集まる若者達は、仮装してもう一人の自分になれるヴァーチャル（仮想）の世界を楽しんでいますね。

　お話の内容はシンプルなので内容の読み取りは1時間で十分です。W/w の文字指導につなげる計画を立てました。秋は、体育的行事や学芸的行事が多いので他教科の授業時間が十分に確保できません。そこで、指導計画は2時間で他教科との連携にしてみました。1時間目は内容の読み取りを中心に文字指導を取り入れました。2時間目は体育の時間や学級活動を使って、綱引き（tug of war）やイス取りゲーム（music chair）を実際に楽しんでください。体育あるいは、学級活動と英語の横断学習ができるでしょう。

1. 指導計画（2時間扱い）

	学習目標	言語材料
1時 （本時）	お話を聞き、双子の魔女を見分ける /w/ の音を聞き分け、W/w を書く	Do you like pink/ blue? I like pink/ blue. which, witch, balloon
2時	英語を使って、綱引きやイス取り ゲームをする（体育／学級活動）	tag of war, music chair, balloon Are you ready? Ready go! Won! Lost! Draw! Well done! Good job!

2. 本時の学習目標

○お話の内容を理解し繰り返しの音の面白さに気づき感想を持つ（内容・思考）
○wの音/w/を聞き分け発音し、その文字を書く（言語）
○友達と協力して「すごろくゲーム」をする（協学・思考）

3. 言語材料

〈単語〉

which, witch, pink, blue, ballon

〈文構造〉

Do you like pink/ blue? I like pink/ blue.

4. 本時の流れ

学習目標	指導内容	備考★　評価☆
1. Greeting ○魔女と挨拶する	○ Witch の人形登場 Hello! How are you? Nice to meet you! I am a witch. I have a sister and also she is a witch.	★パペット/ペープサート
2. Warm Up : Witch Song ○教室の前方に集まって歌う	○ Song : I am a witch. I am a witch. I am Ella. I like pink. I am a witch I am a witch. I am Emily. I like blue. Which witch is which? I don't know. You don't know!	♪メロディをつけて歌う（キラキラ星のメロディ）
3. Listen to the story ○エミリーとエラを見分ける ○エミリーとエラの好きな色が分かる	○本の題名を告げる ○絵を指し示しながら読む	☆お話を注意深く聞いている
4. /w/ のつく言葉集めをする（グループ、個人） 例：ウインター、ウインク、ウインドウ、	○集められた言葉（日本語）を英語にする	★ /w/ のつく言葉と絵カードの用意 winter, wink, window など
5. Snakes & Ladders Game（すごろくゲーム）	○ルールは日本語で説明する	★すごろくワークシート（虫食い単語）
6. 振り返る　例： 「英語で書けたよ」 「どっちがエミリーか分かったよ」	○印象に残ったことを尋ねる Ask students their interests and what they learned.	☆発表した友達の意見と同じか、似ているか、違うか考えている

5. 評価

・双子の魔女を見分けることができたか。
・w の音 /w/ を聞き分け、その文字を含む単語を読み、W/w を書くことができたか。
・友達と助け合って「すごろくゲーム」ができたか。

ワークシート　すごろくワークシート

〈ルール〉
①虫食い単語にwを書き込む
②サイコロを振り出た数だけ進む
③自分の駒を進める時、書かれている単語を読みながら進める
④はしごで止まったら、そのはしごを登って先に進める
⑤蛇の頭で止まったら、尻尾の先まで戻る
⑥スタートから始めゴールを一番早く通過した人が勝ち

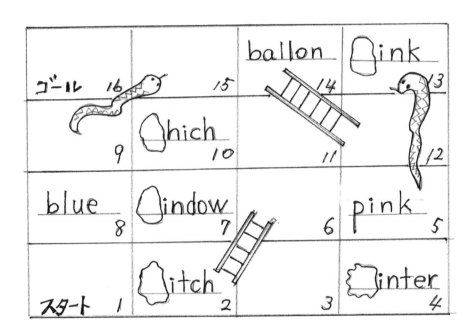

チャンツの仕方　Let's chant!

　言語材料の文をチャンツにすると、強勢（stress）やイントネーション（intonation）が定着して英語らしい音を出すことができます。

チャンツ例①

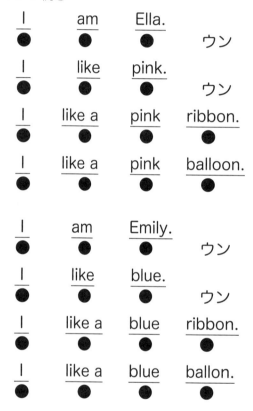

チャンツ例②

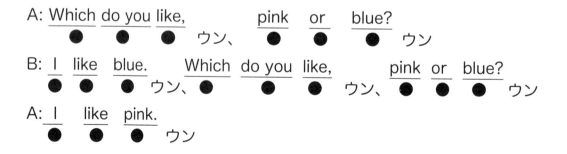

魔女のお話

　西洋の魔女には、良い魔女もいれば、怖い恐ろしい魔女もいることを教えてあげるとさらに異文化への関心が深まります。日本には、古くから「魔女」という文化がありません。アニメの世界では、かわいい呪文を唱えるキュートな魔女もいますが、西洋の子供が魔女に親しみや恐れを抱くような感覚は日本の子供達にはありません。そこで、魔女が登場する本を紹介してあげると、魔女についての知識が増え興味を持つでしょう。

① Meg and Mog のシリーズ　　by Helen Nicol and Jan Pienkowski

　魔女の Meg と黒猫の Mog のシリーズです。絵が鮮やかで、引き付けられます。

② Strega Nona のシリーズ　　by Tomie dePaola

　Strega Nona はイタリア語で、「魔法使いのおばあちゃん Strega（Witch）Nona（Grandma）」のことだそうです。Strega Nona の手伝いをすることになったアンソニー君（Big Anthony）は、Strega Nona が留守の間に Nona の真似をして呪文を唱えますが元に戻す呪文が分からず大変な事件になります。ほのぼのする Nona の表情には優しさが溢れています。

Good Night Owl
by Pat Hutchins（フクロウの話）

🎈 こんなお話……

　フクロウの住む大きな木に生き物達が集まってきました。ハチ、リス、カラス、キツツキ、ホシムクドリ、カケス、カッコウ、コマドリ、スズメ、ハトが次々にやってきました。賑やかでフクロウは眠れません。やっと、夜になり生き物達が寝静まった時、フクロウは仕返しに出ました。

🎈 題材について

　フクロウは、日本では、「不苦労」という漢字をあて、「幸せ」の象徴とされていますが、西洋では、「賢者」の象徴として動物達からは一目置かれた存在です。フクロウの住処は大木で、昼間には色々な生き物達がその大木にやってきます。

　大木にやってくる生き物達の鳴き声が聞こえてきます。日本人には、ニワトリの鳴き声は「コケコッコー」と聞こえますが、英語圏の人達には「クックドゥルクックドゥルクックドゥー」と聞こえるようです。ここで登場するハチやリスなどはどんな音を出すのでしょう。子供達は生き物の鳴き声の表し方の違いから、音の捉え方の違いに気づくでしょう。

　3時間扱いの指導計画を立てました。1時間目は登場する生き物達の名前を知りフクロウの気持ちを考えることで大まかなあらすじを理解します。2時間目は生き物達の鳴き声に、聞こえ方の違いがあることに気づき、チャンツで鳴き声を真似してみることで、日本語の音と英語の音の捉え方の違いを実感することができます。3時間目は簡単な劇でそれぞれの役になりきることで、生き物達やフクロウの気持ちに共感できることでしょう。フクロウの寝ぐらとなる大きな木を用意すると楽しい寸劇になると思います。

1. 指導計画（3時間扱い）

	学習目標	言語材料
1時	登場する生き物達の名前を知りフクロウの気持ちを考える	bee, squirrel, crow, starling, robin, sparrow, etc
2時（本時）	登場する生き物達の鳴き声を知り、フクロウの気持ちに共感する	(Bee) came on the tree, (buzz, buzz.)
3時	簡単な劇をして登場する生き物達の気持ちやフクロウの気持ちを実感する	Oh, My God! What a noisy (bee)! I can't sleep!

2. 本時の学習目標

○お話を聞いて生き物の鳴き声に興味を持ちフクロウの行動に共感する（内容・思考）
○登場する生き物の鳴き声や音をチャンツする（言語）
○友達と協力して寸劇をする（協学）

3. 言語材料

〈文構造〉
Bee came on the tree, buzz, buzz.
Crow came on the tree, caw caw.
Starling came on the tree, twit-twit.
Robin came on the tree, pip pip.　　　など

4. 本時の流れ

学習目標	指導内容	備考★　評価☆
1. Greeting ○登場する生き物達と挨拶する	○生き物達が出す音について尋ねる Do you know the sound, buzz, buzz? Yes, bees! How about caw caw? Yes, crows! ○生き物の鳴き声が出てくることを知らせる	絵カード ハチ、リス、カラス、キツツキ、ホシムクドリ、カケス、カッコウ、コマドリ、ハト、スズメ
2. Listen to the story ○どんな生き物が現れ、どんな音を出すか考えながら聞く ○フクロウについて感想を持つ ○フクロウについて考えたことを発表する	○鳴き声などを繰り返し、一緒に言うように指示する ○ジェスチャーで意味を伝える ○寸劇をすることを告げるどの生き物になりたいか考えさせる	★音声への気づき ☆フクロウについて考えている ☆なりたい生き物について考えている ☆フクロウの気持ちを考えている
3. Let's chant! ＜鳴き声・出す音＞ （ハチ）buzz, buzz （キツツキ）rat-a-tat （カラス）caw caw （ムクドリ）twit-twit など ＜ナレーション＞ （Bee）came on the tree. など ○役を決めてグループで練習 ○発表する	○一斉練習では発音に注意して指導する ○役割練習ではリズムを中心に指導する	★音声への気づき ★チャンツのパタン① 生き物の名前（日本語） 音（英語） ★チャンツパタン② 生き物の名前（英語） 音（英語） ★生き物達のお面を用意 ☆協力して練習し発表している
4. 振り返る　例 「ハチのbuzz, buzzが面白い」 「キツツキのrat-a-tatは言いにくいよ」	○生き物達が出す音について感想を尋ねる	☆英語での音の表現について感想を持っている

5. 評価

内容を理解し、生き物達が出す音を英語で表現することができたか。

チャンツの仕方　Let's chant!

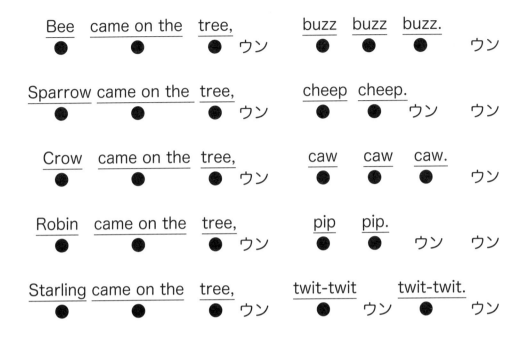

フクロウが出てくる本

① **OWL MOON**　by Jane Yolen, illustrated by John Schoenherr

The Caldecott Medal

　「owling」という単語と初めて出会いました。owl はフクロウのことですが、「owling って、なんだろう」と思いながら読み進めました。

　満月です。お父さんと女の子が雪で覆われた森に出かけます。森はしーんと静まり返っています。お父さんはフクロウの鳴き声を真似て、「ホーホー」とフクロウを呼び寄せます。真っ暗な森に月の明かりだけ。都会では考えられない暗闇の世界に子供達は畏敬の念を抱くことでしょう。

　絵は水彩で描かれ、小学校で学んだ水彩画のタッチに懐かしさを感じます。文章も短く詩的で分かりやすいです。読み聞かせをする時には、絵を指し示しながら、意味をしっかり押さえ子供とやりとり（interaction）しながら読み進めると良いでしょう。

② OWL AT HOME　　by Arnold Lobel　　日本語版：ふくろうくん

　この本の中に5つの短いお話があります。どのお話もフクロウの純真な心、無垢な心に可笑しさを感じます。3〜4歳の子供が抱く疑問をフクロウは代弁しています。

　5つ目の『OWL AND THE MOON』はこんなお話です。ある夜、フクロウは海の水平線から昇るお月さまに出会いました。月は大きくてまん丸で輝いていました。フクロウは「月と友達になった」と思いました。家に戻る道すがら月はずっとフクロウについてきました。フクロウは月に、「君が一番綺麗に見えるのは海の上だよ。僕の家の入り口は小さくて君は僕の家に入れないよ。君のための晩ご飯もないよ」と言います。月が雲に隠れ見えなくなってしまいました。フクロウは暗い自分の家に戻った時、友達がいない寂しさを感じます。でも、フクロウが寝る前に窓から銀色に輝く月を見つけるのです。そして、嬉しそうに「君は僕の後をついてきたんだね」と、もう一人ぼっちではない安心感を抱きながら眠りにつくのです。

③ The Tale of Squirrel Nutkin　　by Beatrix Potter　　日本語版：リスのナトキン

　ピーターラビットの中のお話です。フクロウは自分の木を持ち、そこに住んでいます。権威があって森の動物達は一目置いています。木の実を取るための許しとして、他のリス達は年寄りフクロウのブラウンじいさんにお土産を持っていきますが、「リスのナトキン」は持っていきません。周りのリス達はハラハラ……さて、ナトキンはどうなることでしょう。

　ピーターラビットのお話は短いお話の集まりです。始めから順番に読む必要はありません。好きな動物について書かれているところや、可愛い挿絵などを手がかりに自分の気に入ったところから読むのが良いと思います。日本語訳も出ているので、始めに日本語版で読んであげてから英語版を読んであげるのも良いですね。

　Beatrix Potterは、彼女が好きなNursery Rhymeを選び、ピーターラビットでお馴染みの絵をイラストにして、ナーサリーライムブック（Nursery Rhyme Book）をつくりました。「リスのナトキン」は「なぞなぞ遊び」でブラウンじいさんの気を引こうとします。「ナトキンのなぞなぞ」をふたつ紹介します。

 Hitty Pitty

　Hitty Pitty with in the wall,
　Hitty Pitty without the wall;
　If you touch Hitty Pitty,
　Hitty Pitty will bite you.

　　「壁の中にも外にもあって、茎や葉っぱにトゲがあり触ると皮膚が腫れ上がり、
　　すっごく痛いものなあんだ？」

答えは、イラクサです。イラクサを Hitty Pitty という名前にしたところが、Nursery Rhyme ならではですね。Hitty と Pitty は itty のところで韻を踏んでいます。wall は 1,2 行目の最後に出てきます。何度も大きな声で読んでいると英語のリズムを感じることができます。

 Riddle me, riddle me, rot-tot-tote

　Riddle me, Riddle me, rot-tot-tote!
　A little wee man, in a red red coat!
　A staff in his hand, and a stone in his throat;
　If you tell me this riddle, I'll give you a groat.

　　「なぞなぞ、なぞなぞ、ロットット、
　　　手にはステッキ、喉には種（小石状のもの）赤い服を着た小さな小さな人はな
　　　あに？　もし分かったら、グロート銀貨をあげるよ」

答えは、A red cherry（赤いサクランボ）です。staff には、棒、杖、ステッキという意味があります。stone は小石状のものという意味です。1, 2, 3, 4 行目の最後は、tote, coat, throat, groat、/t/ という音で韻を踏んでいます。グロート銀貨というのは、昔イギリスで使われていた通貨の単位で、1 グロートは 4 ペンスだそうです。ロットットは、ラッタッタでも、ルンルンルンでも構いません。ここで調子やリズムを合わせます。繰り返される言葉を意識して読んでみてください。

THE SILVER CHRISTMAS TREE
by PAT HUTCHINS（クリスマスの木）

🔘 こんなお話……

　もうすぐクリスマスです。リス君は友達へのプレゼントとして、クリスマスの木に木の実（nuts）やヤドリギ（mistletoes）、松ぼっくり（pine cones）などを飾ります。夜になりクリスマスの木のてっぺんにお月様がかかり、銀色（silver）のクリスマスツリーになりました。喜んだリス君でしたが、お月様は雲に隠れ見えなくなりました。クリスマスツリーのてっぺんで光る物を友達が持っていると思い込んだリス君は、みんなに尋ねますが誰も知りません。ついにクリスマスの日がやってきました。友達がプレゼントを持ってきてくれました。でも、そのプレゼントの中にもクリスマスツリーのてっぺんで光る物はありませんでした。ところが、最後に雲が晴れた瞬間、クリスマスツリーのてっぺんで銀色に輝くお月様が現れツリーを照らしてくれたのです。

🔘 題材について

　クリスマスのお話はたくさんあります。サンタクロース、もみの木、トナカイ、雪だるまなどをトピックにして世界中に多くのお話があります。
　日本でも12月になると街角のあちこちでクリスマスツリーが飾られ冬の風物詩のひとつとなっています。子供達にとってはプレゼントがもらえるクリスマスはとても嬉しい行事でしょう。このお話はプレゼントに一喜一憂するリス君が主人公です。子供達はリス君の気持ちに共感できるのではないでしょうか。

　12月は、「師走」といわれるくらい先生方には忙しい時期です。心温まるクリスマスの絵本で子供達と一緒に授業の中でリラックスしてみてはどうでしょう。「内容を教える」というよりは、「子供と一緒に楽しむ」ひとときと考えて、クリスマス関係の絵本をたくさん読んであげてください。

2時間で計画を立てました。1時間目は、「THE SILVER CHRISTMAS TREE」を読み、クラスの掲示をクリスマス飾りにすると良いですね。2時間目は英語が入ったクリスマスカードつくりをしてみましょう。カードを渡す相手は、友達や家族、プレゼントを持ってきてくれるサンタクロースさんでも良いですね。カードの英語は、大文字のMERRY CHRISTMASのM, E, R, Y, C, H, I, S, T, Aの練習をしてみましょう。教える時は是非、Mの名前は「エム」で、音は/m/（両唇をふさいでおいて「ムッ」という音）など、音と文字を結び付けて指導してみてください。

1. 指導計画（2時間扱い）

	学習目標	言語材料
1時 （本時）	お話を聞いてリスの勘違いの面白さに触れ、クリスマスプレゼントについて感想を持つ	I want nuts / mistletoes / wheats / pine cones. How many?　One, please. Two, please. Here you are. Thank you! Merry Christmas!
2時	クリスマスカードをつくる 大文字MERRY CHRISTMASを練習する	MERRY CHRISTMAS

2. 本時の学習目標

　○お話を聞いてリスの勘違いの面白さに触れクリスマスのプレゼントについて感想を持つ
　　（内容・思考）
　○チャンツの会話で、1~10を英語で数える（言語・思考）
　○友達と協力してクリスマス飾りを飾る（協学）

3. 言語材料

〈単語〉

　nuts /mistletoes /wheats /pine cones, one ~ ten

〈文構造〉

I want (nuts).
How many?　One, please.　Ten pine cones, please.　Here you are.
Thank you! Merry Christmas!

4. 本時の流れ

学習目標	指導内容	備考★　評価☆
1. Greeting ○袋の中のカードを取る	○サンタクロースになって登場する This is a present for you. Here you are.	★袋の中に、木の実2個、ヤドリギ3個、麦1個、松ぼっくり3個など、日本語と英語で書かれたカード
2. Listen to the story ○本の表紙を見てどんな動物が登場するか、どんなお話か予測する ○リスが心の中で思ったことについて話し合う ○リスのプレゼントについて考えを発表する	○登場人物を英語で言う 　例：リス、squirrel ○指差しやジェスチャーで意味を伝える ○ウサギやキツネのプレゼントは何かを確認する	☆英語で言っている ☆リスのプレゼントについて考えている
3. Let's chant! C: I want nuts. T: How many? C: Two nuts, please. T: Here you are. C: Thank you.	○チャンツ 　一斉チャンツや役割チャンツで定着を図る 　（先生役と子供役）	☆リズムにのって会話している
4. Let's decorate! ○プレゼントの袋の中のカードの絵を描く（数と絵） ○プレゼントをもらい飾る ○てっぺんの飾りについて話し合う	○ What's this?/ 　What are these? と尋ねる ○プレゼントを渡す ○10人で1本のツリー（模造紙に描いたツリー）	★数のカード 例：one nut, ten pine cones ♪クリスマスの音楽（BGM） ★プレゼント（絵/実物） ☆てっぺんの飾り付けについて話し合っている
5. 振り返る ○ツリーの飾り付けについて相互評価する	○仕上がったツリーを黒板に並べる	☆関心を持って友達の意見を聞いている

5. 評価

　お話の内容が分かりリズムにのって会話の練習をし、協力してクリスマス飾りをつくることができたか。

チャンツの仕方　Let's chant!

数のカード

袋の中にプレゼントの個数と品物が書かれたカード（日本語と英語）を入れておきます。

「two nuts」というカードを引いたら、その下にナッツの絵を2個描きます。

「three pine cones」というカードを引いたら松ぼっくりを3個描きます。

数については、1から10ではなく、すでに10までの数が習得できていれば、20, 30までの数を学習すると良いでしょう。そのカードを持っていき先生と会話します。

子供：I want nuts.
先生：How many?
子供：Two nuts, please.
先生：Here you are.
子供：Thank you.
先生：Merry Christmas!

Chapter3　CLIL的アプローチ指導案

12月に読んであげたい本

① SNOW　　by Uri Shulevitz

　Uri Shulevitzは、絵本『Dawn』と『Rain Rain River』で *The Caldecott Medal* を受賞しています。SNOWの絵は面白いです。おとなは雪降りに興味がありませんが主人公の少年とイヌはどんどん降ってくる雪に大喜びです。マンガのように描かれた人物に思わず笑みがこぼれます。文もテンポ良くアッと言う間に読み終えることができます。繰り返される軽快なリズムに子供達は魅了されることでしょう。

② CORGIVILLE CHRISTMAS　　by TASHA TUDOR

　ターシャ・チューダーはアメリカの絵本作家であり人形作家でもあります。50歳を過ぎてバーモントの田舎で自給自足の生活をしました。日本ではターシャの写真集『ターシャの庭』が出版されテレビでも紹介されました。

　冒頭にターシャは次のように書いています。「この絵本は1920年代、子供の頃のクリスマスシーズンの良き思い出がモチーフとなっています」と。登場人物はニワトリ、イヌ、ウサギなど動物です。12月6日から12月25日の間のコーギー村の様子を描いています。村に三家族（お店）が引っ越してきて、村ではなかなか手に入らないものをクリスマスセールで売ってくれます。村人はみんなでソリ競争をしたり、森から切り出した木にクリスマスの飾りを付けたりしてクリスマスを祝います。日本の子供達のクリスマスの楽しみ方とはちょっと違った世界を味わうことができるでしょう。

クリスマスに読んであげたい本

The Doll's Christmas　　by Tasha Tuder

Corduroy's Christmas　　by B.G.Hennesy

The Tailor of Gloucester　　by Beatrix Potter

The Legend of the Poinsettia　　by Tomie dePaola

Mery Christmas, Strega Nona　　by Tomie dePaola

The Snowman　　by Raymond Briggs

Rudolph the Red-Nosed Reindeer　　by Barbara Hazen

Wombat Divine　　by Mem Fox

The Christmas Alphabet　　by Robert Sabuda

It's Christmas, David!　　by David Shannen

Stone Soup
by Marcia Brown（ストーンスープ）　*The Caldecott Honor Book*

🎬 こんなお話……

　戦争で疲れた三人の兵隊さんが小さな村にやってきます。お腹がすいて眠りたいのですが、村人達は食べるものも寝る場所も提供できません。村人達もお腹が減っていたのです。そこで兵隊さんは、ストーンスープ（stone soup）をつくることを思いつきます。大きなお鍋に水と大きな丸い石を入れて煮たたせます。「ジャガイモがあると美味しくなる、人参があるともっと美味しくなる、塩と胡椒があると良いな」などと言いながら、村人達から材料をひとつずつ集めます。そして最後には、肉やミルクを入れて最高の美味しいスープができあがりました。兵隊さんと村人達は踊り歌い楽しい一夜を過ごしました。

🎬 題材について

　このお話は、ヨーロッパで伝承されて語り継がれたお話を、マルシア・ブラウンが絵本にしました。兵隊さんの知恵で、一人一人の家には少ししかないけれど、みんなで持ち寄ってつくれば、空腹を満たすことができることを教えてくれます。村人達は戦争で搾取され続け、兵隊さんを助ける気持ちを失くしていましたが、素敵なアイデアで少しずつ心を開き最後は自分達の空腹も満たすことができました。村人達の心の変化を読み取り、困難な状況でもアイデアを出し前向きに生きようとすることを学べるでしょう。

　3時間の計画を立てました。1時間目はお話の始まり部分に焦点を当て村人達の困った様子を読み取り、2時間目は兵隊さんのアイデアでストーンスープができあがる様子を英語の軽快な繰り返しのリズムで体得します。3時間目は村を去る兵隊さんと村人達の交流を通して、戦争で忘れかけていた人の心の優しさを学ぶことができます。

1. 指導計画（3時間扱い）

	学習目標	言語材料
1時 （本時）	村に着いた時の兵隊さんの気持ちと村人の気持ちを考える	How are you? I am hungry/ sleepy/ tired/ sad.
2時	兵隊さんのアイデアについて考える	Let' make stone soup. Much better, much better
3時	兵隊さんが村を去る時の兵隊さんの気持ちと村人の気持ちを考える	I am happy. You are happy. We are happy. I'm not hungry. You're not hungry. We're not hungry. Thank you.

2. 本時の学習目標

○村に着いた時の兵隊さんの気持ちと、兵隊さんに食べ物を提供できない村人の気持ちを考える（内容・思考）
○気持ちを表す言い方を知り、日本語と英語の発音 /æ/, /a/, /ʌ/ の違い（音声）に気づく（言語・思考）
○カードマッチングゲームを通して友達と関わり認め合う（協学）

3. 言語材料

〈文構造〉
How are you?
I am hungry. I am sleepy. I am tired. I am sad.

4. 本時の流れ

学習目標	指導内容	備考★　評価☆
1. Greeting ○歌を聞く ○T1とT2の会話を聞く ○気持ちを表す文を知る	○初めて会った時の挨拶 ○Helloの歌 　T1はT2に挨拶（今の気持ちを尋ねる） T1: How are you? T2: I'm hungry and you? T1: I'm hungry, too.	★挨拶・簡単な自己紹介（兵隊さん） Nice to meet you! I am a solder. I'm hungry. I'm sleepy. I'm tired. I'm sad. ★気持ちのカード提示
2. Listen to the story ○題名について推測する ○登場人物を知る ○繰り返されている単語や文に気づく ○村人の気持ちを考え発表する	○題名について考えさせる ○お話に出てくる単語や文の意味をジェスチャーで知らせる ○兵隊さんや村人の気持ちを考えさせる	☆題名について考えている ★音声への気づき ☆/æ/, /a/, /ʌ/ の違いに気づいている
3. Let's chant! How are you? I'm hungry/sleepy/tired/sad.	○日本語の発音との違いを知らせる ha/æ/ppy, hu/ʌ/ngry	☆繰り返しの文に気づいている
4. カードマッチングゲームをする ○2チーム（青と黄）に分かれ一人1枚カードを持つ （青）How are you? （黄）I'm hungry and you? （青）I'm hungry. （青黄）Are you ready? 　　　One, two, three! （カードを見せ合う）	○ゲームの仕方を説明する 　同じカードを持っている相手チームの友達を見つけるように指示する ○気持ちを表す言い方について確認する ○マッチしない時、新しい友達を探すように指示する	★ゲームの仕方は日本語で説明する ★ゲーム補足 カードがマッチした時、Perfect! High Five! と言う カードがマッチしない時、See you! と言って別れる
5. 振り返る 「3人と会話したよ」 「英語で言えたよ」	○何人と会話できたか尋ねる	☆How are you? I'm~ の挨拶ができたか（自己評価） ☆友達の頑張りをほめている

5. 評価

兵隊さんや村人の気持ちを理解し気持ちを伝える言い方ができたか。

チャンツの仕方　Let's chant!

How　are　you　　？
●　　●　　●　　ウン

I'm　hungry.　　ウン　　ウン
●　　●

How　are　you　　？
●　　●　　●　　ウン

I'm　sleepy.　　ウン　　ウン
●　　●

How　are　you　　？
●　　●　　●　　ウン

I'm　tired.　　ウン　　ウン
●　　●

How　are　you　　？
●　　●　　●　　ウン

I'm　sad.　　ウン　　ウン
●　　●

Marcia Brown（マルシア・ブラウン）の絵本

　Marcia Brown は、昔から語り継がれたお話（Folk Tales）を題材に絵本をつくりました。この『Stone Soup（世界一おいしいスープ）』以外にも、フランスで語り継がれた『シンデレラ（Cinderella or The little Glass Slipper）』を絵本にして 1954 年に *The Caldecott Medal* を受賞しました。シンデレラはディズニーの映画でも有名ですね。また日本で良く知られている、せたていじ訳の『三びきのやぎのがらがらどん（The Three Billy Goats Gruff）』は、北欧の民話がもとになっています。『SHADOW（影）』は、アフリカで語り継がれたストーリーテリングがもとになっています。赤・黒・青・黄などの原色を使った木版画絵で、文はフランスの詩人 Blaise Cendrars (1887-1961) が書きました。読者をアフリカの村のシャーマンの不思議な世界に引きずり込みます。

① SHADOW（影）

　「影ってなんだろう？」の問いかけから始まります。影自身には影はなく、炎や光のあるところに影は現れます。影は森に住んでいます。アフリカの村に住むシャーマンが語るお話です。焚き火の周りで踊る時、影も踊ります。焚き火が消えると影は盲目になり、その体を引きずりながら苦しそうに歩きますが悲痛な叫びはありません。太陽が昇ると、ヘビやサソリやミミズと同じように振る舞います。影は人間と一緒に戦いますが怖さも感じないし死ぬこともありません。空腹も感じないし影は声も出しません。影は魔法です。右にいたり左にいたり、上にいたり下にいたり。昼間、影はあちこちで動き回ります。夕方、影は広がり夜がとっぷり暮れると影は焚き火の周りに現れます。タカやハゲワシのような力のある鳥でも、その影は地面に叩きつけられます。影に勝てるものはいないのです。

② The Three Billy Goats Gruff　　日本語版：三びきのやぎのがらがらどん

　大きなヤギ、中くらいのヤギ、小さなヤギが、ちょっと間の抜けたトロルが住む橋の上を通って、橋の向こうの美味しい草を食べにいきます。帰り道、トロルが小さなヤギを食べようとすると、小さなヤギは「自分より太ったヤギが来るので、そのヤギを食べたほうが良い」と言います。トロルは「なるほど」と思い小さいヤギを逃します。同じように中くらいのヤギも「自分よりもっと大きいヤギが来るから、そのヤギを食べたほうが良い」と言い、トロルは中くらいのヤギを逃します。最後に来た大きなヤギを捕まえようとしたところ、トロルは大きなヤギに叩きのめされてしまいます。

伝承話 (Ethnic Folk Tales) by Mwenye Hadithi & Adrienne Kennaway

① Laughing Giraffe

キリンは昔うるさい動物だったが、白サギとの競争に負けて声を出さなくなってしまった。

② Enormous Elephant

昔、象の鼻は短かかったが、ワニに引っ張られて伸びてしまった。

① Hot Hippo

なぜ、カバは川に住むようになったか。

② Greedy Zebra

なぜ、シマウマは白と黒のストライプ模様なのか。

アフリカのストーリーテリング再話

Why Mosquitoes Buss In People's Ears
retold by Verna Adema, pictured by Leo and Diane Dillon
The Caldecott Medal Book

なぜ、蚊は人の耳元でブンブン言うようになったのか。

TITCH
by Pat Hutchins（ティッチ）

🎵 こんなお話……

　ティッチ（Titch）は三人兄弟の末っ子です。兄のピーター（Peter）や姉のメアリー（Mary）が自転車で遊ぶのにティッチは三輪車。兄や姉が凧揚げをして遊んでもティッチは小さな風車（pinwheel）。兄や姉がドラムやトランペットなど大きな楽器を演奏するのにティッチはオモチャの笛（little wooden whistle）。兄や姉がノコギリやカナヅチを使って工作するのにティッチはクギ（nail）を持つ役。ある日、兄は大きなシャベル（big spade）で土を掘り、姉は植木鉢（flowerpot）を用意しました。ティッチは小さな種（seed）を持つ役でした。でも、その種はぐんぐん大きく成長して兄や姉の背丈を越しました。最後の場面でティッチの笑顔に出会えます。

🎵 題材について

　ティッチは、学校に上がる前の小さな男の子です。兄はピーター、姉はメアリーです。ティッチは小さいのでなかなか兄や姉のようにできません。でも、小さくてもできることはあるのです。兄姉を持つ年下の子供達はきっと、このお話に共感することでしょう。作者ハッチンス（Hutchins）のティッチへの優しい眼差しが感じられます。ティッチの成長物語です。素晴らしい結果は、始めから素晴らしいスタートがあるわけではなく、始めは小さなことからなのですね。

　3時間で計画を立てました。1時間目は遊び道具の英語の名前を学習します。2時間目はティッチの気持ちに共感できるように役割を分けてチャンツ会話をします。これは一種のロールプレイです。3時間目にティッチにお手紙を書く設定にすると、ティッチをさらに身近に感じるでしょう。手紙の始めのDear TITCH（ティッチへ）のT, I, C, Hの文字を練習してみましょう。教える時は是非、Tの名前は「ティ」で音は /t/（トゥ）、Hの名前は「エイチ」で音は /h/（息をハァと出す音）と、音と文字を結び付けて指導してみてください。

1. 指導計画（3時間扱い）

	学習目標	言語材料
1時	ティッチが三人兄弟の末っ子であることが分かり遊び道具について英語の言い方を知る	a big bike, a little tricycle, a kite, a pinwheel, a big drum, a trumpet, a little wooden whistle, a big saw, a big hammer, nails, a big spade, a flat flowerpot, a tiny seed
2時（本時）	小さくてもティッチのできることがあることが分かりティッチに共感する	I have a big (　　). Do you have a (　　)?
3時	他の TITCH のシリーズ You'll Soon Grow into Them, Titch のお話を聞きティッチにお手紙を書く	大文字 TITCH 文字指導

2. 本時の学習目標

○ティッチは小さくてもできることがあることが分かり共感する（内容・思考）
○リズムにのって、会話文をチャンツする（言語）
○友達と協力して絵・文字合わせゲームをする（協学）

3. 言語材料

〈単語〉

bike, tricycle, kite, pinwheel, drum, trumpet, wooden whistle, saw, hammer, nail, spade, flowerpot, seed

〈文構造〉

I have a big (　　).
Do you have a (　　)?

4. 本時の流れ

学習目標	指導内容	備考★　評価☆
1. Greeting ○紙人形のティッチと挨拶する ○自分は何人兄弟かを発表する	○ティッチの紙人形が挨拶する Do you have a bike/tricycle?	★遊び道具絵カード （自転車、三輪車）
2. Listen to the story ○ティッチはどんな遊び道具で遊ぶか考えながら聞く ○最後の場面でのティッチの様子について感想を持つ	○指さしやジェスチャーで意味を伝える ○末っ子の気持ちを考えるように促す ○ティッチが植物の世話をしたことなども予想させる	☆末っ子の気持ちを考えている ☆なぜピーターとメアリーは驚いたのか考えている ☆お話に書かれていないことも推測しようとしている（植物を世話したこと）
3. Let's chant! Peter: I have a big bike. 　　　　Do you have a bike? Titch: No, I don't.	○手拍子しながら、リズムにのって言えるようにサポートする ○big, a little, tiny の意味をジェスチャーで伝える ○Peter/Mary役とTitch役で役割チャンツさせる	★絵カード （自転車、凧、種など） ★お面 （Titch・Mary・Peter） ☆協力している
4. 絵（遊び道具）・文字合わせゲーム ○グループでゲームする ○絵カードを手に持ち文字カードは真ん中に積む	○ゲームが終わったら、絵と文字が合っているかグループで確かめるように促す	★絵カードと文字カード ★文字への気づき ☆絵と文字が一致しない友達をサポートしている
5. 振り返る ○弟や妹のことを考える	○次回、ティッチにお手紙を書くことを告げる	☆ティッチに共感している

5. 評価

　末っ子のティッチの気持ちを考え共感し、リズムにのってチャンツの会話をし、友達と協力して絵・文字合わせゲームができたか。

チャンツの仕方　Let's chant!

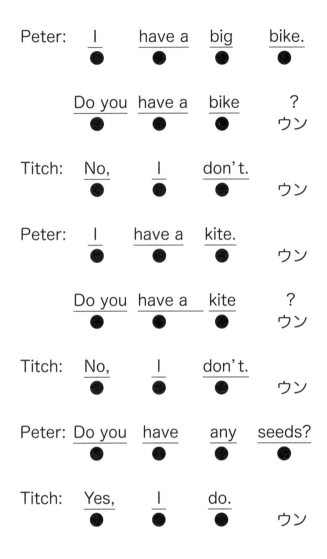

絵（遊び道具）・文字合わせゲーム

　5〜6人のグループになります。絵カードを持ち文字カードは真ん中に積んでおきます。手持ちのカードと引いたカードを合わせます。絵カードと文字カードが早く一致した人が勝ち。
　グループ全員の手持ちのカードが全て一致するまでゲームを続けます。

Pat Hutchins の作品

① You'll Soon Grow into Them, Titch

　いつもお兄さんやお姉さんのお下がりばかりのティッチ。お下がりのズボンやセーターが大きすぎてダブダブです。そのたびに「そのうち大きくなるから」と言われます。ある日、ティッチはお父さんと一緒にぴったりの新しい洋服を買いにいきました。お母さんが赤ちゃんを産んで戻ってきました。ティッチは赤ちゃんになんと言って挨拶したと思いますか。

② TIDY TITCH

　お母さんに「部屋を片付けなさい」と言われた兄のピーターと姉のメアリー。ティッチは片付けを手伝います。お兄さん達が使った遊び道具でまだまだ自分は遊べると考え、お下がりをもらい、ティッチはせっせと自分の部屋に運びます。さて、ティッチの部屋はどうなったでしょうか。

③ The Very Worst Monster

　Hazel（姉）に弟ができました。お父さんは、弟 Billy に、「世界で一番悪いモンスターになるんだよ」と言いました。それを聞いた Hazel は、「自分が一番悪いモンスターだ」と思いました。Billy が悪いことをするたびに家族は大喜びします。「最悪の赤ちゃんモンスター」の競技会でも、Billy が優勝しました。Hazel は面白くありません。そこで Hazel は Billy を森に捨てにいきました。が、Billy は家に戻ってきてしまいました。最後の手段に出ました。Hazel は Billy を他人にあげてしまいました。びっくりした家族に、Hazel は「Billy は最悪の赤ちゃんモンスターで、自分が最悪のモンスターだ」と言いました。さて、Billy はどうなったでしょう。作者ハッチンスは、「Hazel は小さい頃の自分だ」と書いています。ユーモア溢れたハッチンスの作品は心温まるものがあります。

④ The Doorbell Rang

　お母さんが、Victoria と Sam のおやつをつくりました。お母さんは「おばあちゃんほど上手ではないけどね」と言いながらクッキーを 12 個つくりました。二人は、6 個ずつ食べられる思っていたところ、ドアのベルが鳴って、友達の Tom と Hannah がやってきました（クッキーは一人 3 個ずつになりますね）。また、そこへ友達の Peter が弟を連れてやってきました（子供が 6 人になったので、クッキーは一人 2 個ずつですね）。次のページを開くと、Joy と友達の Simon が 4 人の従兄弟を連れて遊びにきました（子供が 12 人になったので、クッキーは一人 1 個ずつになりますね）。さて、みんなで食べようとしたところ、またドアのベルが鳴りました。この時の子供達の表情には戸惑いがいっぱいです。ドアを開けるかどうか一瞬迷います。またドアのベルが鳴りました。思い切って開けたところ、おばあちゃんがどっさりクッキーを焼いて持ってきてくれたのです。子供達の戸惑った様子や最後のおばあちゃんが言った言葉「クッキーをみんなでシェアできるなんて、なんて素敵でしょう！」に、心を打たれます。

⑤ DON'T GET LOST

　子ブタ、子羊、子牛、子馬が農場から出て冒険をします。お母さん達の口癖は、「迷子にならないでね。晩御飯までに戻ってくるんですよ」でした。子供達は農場から出て追いかけっこをしたりかくれんぼ（hide-and-seek）などをしたりして遊びます。お腹が減って農場に戻ってくるのですが少し風景が違います。心細くなった子供達が一瞬不安になったところでお母さん達の姿を見つけホッとします。小さい子供達の心情が良く描かれています。

(2) 2月のお話

Silly Billy
by Pat Hutchins（ヘイゼルとビリー）

🔘 こんなお話……

　耳の大きい緑色のモンスターの赤ちゃんビリー（Billy）は、姉のヘイゼル（Hazel）の遊びを邪魔します。なんでもお姉さんの真似をしたい Billy です。そこで、Hazel はオモチャ箱の中で寝たふりをしました。思った通り Billy はオモチャ箱の中で寝てしまい、Hazel はやっと、自分のオモチャで誰にも邪魔をされず遊ぶことができました。

🔘 題材について

　弟や妹がいる小学校低学年の子供達は Hazel と同じ経験をしています。自分の遊びを邪魔されて、おとな達からは「弟や妹は小さいから譲ってあげなさい」と言われます。Hazel に共感する子供達は多いことでしょう。Hazel は、年上としての知恵を働かせて弟の Billy を静かにさせ年上の貫禄を見せています。低学年の子供達の心を育てるのに良い教材です。

1. 指導計画（1時間扱い：本時）

2. 本時の学習目標

　○ Silly Billy のお話を聞いて内容を理解し Hazel の気持ちを考える（内容・思考）
　○ 単語の意味を知り、繰り返しの文に気づき、チャンツする（言語・思考）
　○ 遊び道具バスケット（Silly Billy ゲーム）を通して友達と関わり認め合う（協学・思考）

3. 言語材料

〈単語〉

cards / a doll's house / blocks / trains

〈文構造〉

What do you want?

4. 本時の流れ

学習目標	指導内容	備考★　評価☆
1. Greeting（歌）	○ Hazel の役になり挨拶する Hello, hello. Hello, how are you? I'm fine, I'm fine, I hope that you are, too. My name is Hazel. I have a brother. His name is Billy. ○弟 Billy（絵）を紹介する	★挨拶と自己紹介 Billy を紹介（絵）
2. Listen to the story ○お話の内容を理解する ○単語の意味が分かる ○繰り返しの文に触れる	お話を聞かせる ○弟や妹がいるか尋ねる Do you have brothers or sisters? Do you like him or her? ○ Interaction しながらお話を読み　くり返しの文に気づかせる ○絵を参考にしながらお話の内容を推測させる	★遊び道具 cards / a doll's house / blocks / trains ☆音の響き・リズムの面白さに気づいている
3. Let's chant! Silly Billy, Silly Billy. What do you want? He's only little. He's only little. Silly Billy, Silly Billy. What do you want？	○ T: Who likes Hazel/Billy? Why? 日本語での感想を英語にして繰り返す ○遊び道具バスケットのチャンツ	★リズム、音への気づき ☆進んでチャンツしている
4. 遊び道具バスケット ○遊び方を知りルールを　守ってゲームをする　（押さない・ふざけない）	○ Silly BIlly ゲームの説明をする ○円陣で椅子に座らせる 　（カード, 家, 積み木, 電車各5枚） ○鬼（ビリー）は円の中心 　ヘイゼルは審判	★フルーツバスケットと同じルール
5. 振り返る ○お話の内容について感想を持つ ○ silly の意味を考える	○お話の内容を振り返らせる 　silly の意味を推測させる	☆ silly の意味を考えている

5. 評価

　友達と関わり、内容を理解し、登場人物の気持ちを想像し共感できたか。

チャンツの仕方　Let's chant！

＜みんな＞

Silly　Billy,　Silly　Billy.　（手拍子）
●　　　●　　　●　　　●

What do you want ？　（ジェスチャー：両手を前に）
●　　●　　●　　ウン

He's only little.　　　　　He's only little.
●　　●　　●　ウン　　　●　　●　　●　ウン

Silly Billy, Silly Billy.　　What do you want ？
●　　●　　●　　●　　　●　　●　　●　ウン

＜ビリー＞

I want a card.
●　●　　●　ウン

I want all.
●　●　●　ウン

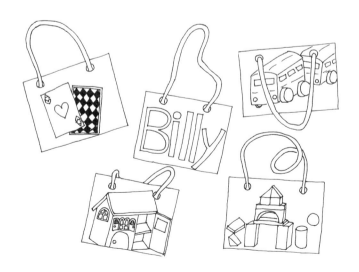

遊び道具バスケットの仕方

　フルーツバスケットのイチゴ・モモ・バナナ・リンゴの代わりに、カード（cards）・人形の家（a doll's house）・電車セット（a train set）・積み木（blocks）を用意します。鬼（Billy）は、円（椅子）の真ん中に立ちます。その他の子供達は椅子に座ります。

　周りに座っている子供達が、

　　　Silly Billy, Silly Billy. What do you want?
　　　He's only little. He's only little.
　　　Silly Billy, Silly Billy. What do you want? と、チャンツで尋ねます。
　鬼（Billy）は、
　　　I want cards/ a doll's house/ a train set/ blocks と答えます。

　鬼（Billy）がcardsと言ったら、cardsを持っている人だけが席を立って他の席に移動しなければなりません。もし、全員を入れ替えたいのであれば、I want all! と言います。

　ヘイゼルを審判役にすると良いでしょう。低学年でこのようなゲームをすると、「先に座ったのは、○○ちゃんだ！　△△ちゃんだ！」と、トラブルになります。審判に従うことをルールにすると解決します。

3月のお話

What Game Shall We Play?
by Pat Hutchins（イギリスの農場にいる動物達）

🎵 こんなお話……

アヒルとカエルが、「何をして遊ぼうか」と相談します。良い考えが浮かばないので、キツネに尋ねますが良い案がありません。ウサギ、ネズミ、リスに聞いても良い答えが見つかりません。最後にフクロウに尋ねたところ、「かくれんぼ（hide-and-seek）が良いね」ということになりました。

🎵 題材について

イギリスの農場では当たり前にいる動物達が登場します。典型的な田園風景を味わうことができます。どの場面にも登場するフクロウは、西洋では賢者・博識の象徴です。同じ文の繰り返しでお話が進みます。役を決めれば寸劇もできます。1時間目をオープンエンドにすると2時間目は図工との横断学習ができます。

1. 指導計画（2時間扱い）

	学習目標	言語材料
1時 （本時）	お話を聞いて登場人物を把握しお話の内容を理解する	pond, grass, wall, hole, tree Where are you? I am near the pond.
2時	工夫したところや面白いアイデアに着目し、みんなでマップをつくり上げる	Duck, Frog, Fox, Rabbit, Mouse, Squirrel, Owl on the rock, in the hole……

2. 本時の学習目標

○お話を聞いて登場人物を把握し内容を理解する（内容）
○イギリスの農場の動物やフクロウについて自分の考えを持つ（思考）
○動物の名前や繰り返される会話の文をチャンツする（言語）
○友達と協力して地図をつくる（協学）

3. 言語材料

〈単語〉

pond, grass, wall, hole, tree

〈文構造〉

Where are you? I am near the pond.

4. 本時の流れ

学習目標	指導内容	備考★　評価☆
1. Greeting ○好きな動物について考え発表する	Hello! How are you! (song) What animal do you like? ○登場する動物のカードを黒板に貼っていく	★アヒル、カエル、キツネ、ネズミ、ウサギ、リス、フクロウ
2. Listen to the story ○動物がどの順番で登場するか考えながら聞く ○特にフクロウについて意見を持つ	○説明している物を指し示したりジェスチャーしたりして、意味を伝える ○動物の声を変えて話す ○西洋のフクロウは、賢者のシンボルであることを告げる	★文字への気づき Duck, Frog, Fox, Mouse, Rabbit, Squirrel, Owl ★映画「ハリーポッター」のフクロウにも触れる
3. Let's chant! Duck, Duck, where are you? I'm in the pond. Frog, Frog, where are you? I'm in the pond.	○チャンツは、アヒル、カエルなどの役に分かれて練習を促す	☆リズムにのっているか
4. かくれんぼマップをつくる〈グループ〉	○どの動物がどんなところにいたかを思い出させる	★1グループ6人でどの動物の絵を描くか相談する ★四つ切り画用紙

5. 評価

・お話の内容を理解しイギリスの農場にいる動物達について自分の感想を持ったか。

・友達と協力して農場マップをつくり上げたか。

かくれんぼマップ　Let's draw a map!

　かくれんぼマップについては、四つ切りの画用紙に動物も場所も描かせても良いですが、時間がかかりそうな時は動物だけを用意しておき、場所を自由に描かせ、用意した動物を貼り付けても良いです。

　かくれんぼマップをつくる時間がなく 45 分間の授業を完結させたい時、実際に「かくれんぼ（hide-and-seek）」を経験させると良いです。読み聞かせの最後のページに次のような会話を付け足して、クラスで英語を使って「かくれんぼ」をやってみることができます。始めは、先生が Owl（鬼）になります。子供は、「No, no, not yet!（まぁだだよ）/ Yes, find me!（もぅいいよ）」と言って遊ぶことができます。

　　Owl:　　OK, I will count for you.　One, two, three…. Are you ready?
　　Others: No, no, not yet. / Yes, find me!

　もし、クラスの人数が多く子供達が立ち歩くことで授業への集中力が途切れるようであれば、自分の名前を書いたカードを教室のどこかに隠し、鬼がそのカードを見つける方法もあります。

文法の宝庫　絵から分かる前置詞

例：このお話を使って学年ごとに指導する言語材料を変えることもできます。

低学年	中学年	高学年
Duck	the pond	in the pond
Frog	the pond	in the pond
Fox	the tall grass	among the tall grass
Mouse	the wall	under the wall
Rabbit	the hole	in the hole
Squirrel	the tree	behind the tree

Chapter 4

Nursery Rhyme / Mother Goose
リズムと音

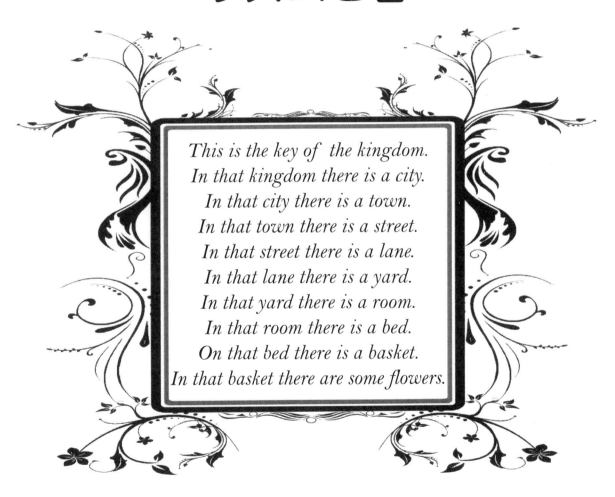

This is the key of the kingdom.
In that kingdom there is a city.
In that city there is a town.
In that town there is a street.
In that street there is a lane.
In that lane there is a yard.
In that yard there is a room.
In that room there is a bed.
On that bed there is a basket.
In that basket there are some flowers.

1620年にメイフラワー号に乗ってアメリカに渡ったピューリタン（清教徒達）によってイギリスで語り継がれたナーサリーライムが、アメリカでマザーグースとなりました。マザーグースには、遊び歌、指遊び歌、数え歌、子守歌、早口言葉、なぞなぞなどがあります。昔から子供達は繰り返し歌ったり踊ったり遊んだりする中で、身体機能を高め、語彙（言葉）を増やし知能を発達させてきました。

　日本では、日本の童謡を数多く残した北原白秋（1885-1942）が「マザア・グウス」の翻訳をしています。北原白秋は「マザア・グウス」の翻訳を始めて、苦労したことを次のように書いています。

　「元来、翻訳ということは難しい。とりわけ韻文の翻訳は難行である。語学者でもなく、学力も乏しい私がこの難事に身を入れることはかなりはばかられることではあるが……。童謡は、手拍子、足拍子で歌うべきものであるので、訳もまた極めて民謡風の動律で歌うようにしなければならない。原謡のリズムの動き方については、その通りそのままの推移法を必要とする。これを違った国の言葉で移そうとするのはかなり無理なことである。………。それから、Rain rain go to Spain というような音韻上の引っ掛け言葉のようなものは訳しようとするのがそもそもの無理であるから訳しなかった。「雨、雨、スペインへ」では、原謡のおもしろみがなくなるからである。日本でなら、「雨、雨、安房へ」というふうに、「あ」の韻で掛けてゆくべきものである。Baa, Baa, Black Sheep というようなのも困った。すべてBで言っているのであるが、日本語の黒羊（くろひつじ）の「く」にはBはかからない。かといって、「くうくう黒羊」でも、羊の鳴き声はでない。「泣け泣け、黒羊」では、意味だけのものになる。意味だけのものでは、ほんとうの訳にはならないのだ。……」

　英語の歌を日本語に訳そうとすると英語のリズムや韻を失ってしまいます。白秋は、意味だけを伝えるのではなく英語の詩のリズムや押韻をも伝えようとしたのです。

　次にマザーグースの詩を紹介します。新学期が始まる4月から学年末の3月まで12の歌を載せました。毎月子供達と一緒にマザーグースの世界で遊んでみてください。「1行を4拍子（4つの手拍子）」で音読してみてください。慣れてくると英語のリズムを感じることができるでしょう。カタカナ表記しましたがカタカナは日本語です。英語の発音を表現するのには無理があります。音のつながりや4拍子のリズムが分かるようにカタカナを付けました。単語の最後に来るdやtなど聞こえない音もあります。英語が読めるようになったらカタカナに頼らないで音読してみましょう。

　では、ライム特有の押韻の面白さに触れてみてください。きっと、マザーグースの歌に魅了されることでしょう。

　　　　ガチョウおばさん、ふらりとどこかに行きたくなると、
　　　　オスのガチョウの背に乗って月まで飛んでいったとさ。

Old mother goose,
オウル　マザー　グース

When she wanted to wonder,
フェン　シーゥオンティットゥ　ゥワンダー

Would ride through the air,
ゥッドゥ　ライドゥ　スルー　ジ　エアー

On a very fine gander.
オンナ　ヴェリファイン　ギャンダー

And old mother goose,
アン　オウル　マザー　グース

The goose saddled soon,
ザ　グース　サドゥードゥ　スーン

And mounting its back,
アン　マウンティング　イッツバック

Flew up to the moon.
フリュー　アップトゥ　ザ　ムーン

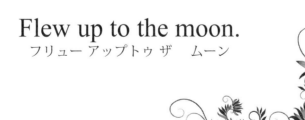

Chapter4　リズムと音

♪回れ回れ！　遊び歌

April

Ring-a-Ring o' Roses,
ゥリンガー ゥリンゴゥ ゥローズィズ

A pocket full of posies;
ア　ポケッ　フーロブ　ポーズィズ

Hush! Hush! Hush! Hush!
ハッシュ　ハッシュ　ハッシュ　ハッシュ

We all fall down.
ウイ オー フォー ダウン

　日本では、『花いちもんめ』や『なべなべそこぬけ』などの遊び歌がありますが、このRing-a-Ring o'Rosesも同じように歌いながら手をつないで円をつくって回ります。最後のWe all fall down のところで尻もちをつきます。

R r
　Ringのrは、口の先を突き出して「ゥ（小さいウ）」と言ってから「リング」というと、英語らしい発音に聞こえます。口の先を意識してrain（ゥレイン）rainy（ゥレイニィ）rainbow（ゥレインボー）と言ってみましょう。

H h
　Hush の 初めのhは、息をハと出します。最後のhは、shで1つの音、シュになります。歌によっては、Hushの部分が A – tishoo!（ハックション）のものもあります。

　　回れ、回れ、ポケットに花いっぱい！
　　シッ、シッ、静かに！　こーろんだ！

♪ メリーさんの羊

May

Mary had a little lamb,
メリー　ハダ　リトー　ラム

Its fleece was white as snow,
イッツ フリース ワズ　ゥワイタズ　スノウ

And everywhere that Mary went,
アン　　エヴリゥエアー　ザッ　メリー　ウエン

The lamb was sure to go.
ザ　　ラム　　ワズ シュア トゥ ゴウ

M m

Maryのmは、上の唇と下の唇を付けて、ムと言います。Mary（メリー）
make up（メイカップ）magic（マズィック）と言ってみましょう。

よく歌われているのは次の歌です。

　　　Mary had a little lamb,
　　　little lamb, little lamb,
　　　Mary had a little lamb.
　　　Its fleece was white as snow.

　　　メリーさんの羊は真っ白で
　　　その毛はほんとに雪のよう
　　　メリーさんが行くところ
　　　どこにでもついていくんだよ

Chapter4　リズムと音　　99

♪雨の歌

June

Rain rain go away,
ゥレイン ゥレイン ゴウ アウェイ

Come again another day,
カマ　ゲイン　アナザー　デイ

Little baby wants to play,
リトー　ベイビー　ゥオンツ　トゥプレイ

Rain, rain go away.
ゥレイン ゥレイン ゴウ アウェイ

A a

　この中に A/a の文字はいくつありますか。
　そうです、15 個あります。同じ a でも発音が違います。rain, day, baby, play の a は /ei/「エイ」と発音しますが、again の最初の a や another の a は、「あいまい母音」といい /ei/ と発音しません。そのような違いを意識しながら、繰り返し口ずさむことによって a という文字とその読み方が分かってきます。apple, cat, mat の a は、日本語の「エ」の口の形をして、「ア」と言うと出る音です。

R r

　ここでも r の音を練習できます。rain の r は、口の先を突き出して「ゥ」と言ってから「レイン」というと、英語らしい発音に聞こえます。口の先を意識して railroad, railway, rabbit, race と言ってみましょう。

L l

　little の l は、舌の先を上歯茎の裏側に付けたまま、ルと言います。

Rhyming

　away, day, play, away で押韻しています。

　　　　雨さん止んでちょうだい
　　　　可愛い坊やが外で遊びたいのよ

♪ 貝がらの歌　早口言葉　　　　　　　　July

She sells sea shells on the seashore,
シー　セルズ　スィ　シェルズ　オンザ　スィショア

The shells that she sells are sea shells I'm sure
ザ　シェルズ　ザッ　シー　セルザー　スィ　シェルズ　アイム　シュア

so if she sells seashells on the seashore,
ソ　イフシ　セルズ　スィシェルズ　オンザ　スィショア

I'm sure that the shells are seashore shells.
アイム　シュア　ザッ　ザ　シェルザー　スィショア　シェルズ

Sh / S

　She は シー、sell は セル、sea はスィ、shell はシェル、shore はショア、sure は、シュアです。まずは、単語をひとつひとつゆっくり正確に読めるようにすると良いですね。その後は、リズムにのって1行を4拍で練習してみてください。1行目は、She sells で1拍、sea shells で2拍目、on the sea で3拍目、shore で4拍目です。2行目に強勢（ストレス）がくるのは、shells, sells, shells, sure です。3行目は、she, sells, seashells, seashore。4行目は、sure, shells, seashore, shells に強勢がきます。

海岸で貝を売っている
売ってる貝は、きっと海の貝だよ
海岸で売ってるなら
その貝は海岸の貝だよ

♪スワン 早口言葉

August

Swan swam over the sea
スワン　スワム　オウバ　ザ　スィ

Swim, swan, swim!!
スイーム　スワン　スイーム

Swan swam back again
スワン　スワム　バッカゲイン

Well swum, swan!
ウェル　スウォム　スワン

　英語をカタカナで表すことに無理があります。Swan はスワンと書きましたが、スワンと言ってしまうと日本語になってしまいます。Swan の n は、鼻からぬける音です。swam の m も、スワムと書きましたが、ムではなく、上と下の口びるをパッと開いて出る音です。swum は、文法で言うと過去分詞で、swum（スウォム）と書きましたが、口を縦長に大きく開いて喉から出す音です。

S s
　上の歯と下の歯を噛み合わせて、歯の間からスーと空気を出します。

M m
　m は、上の唇と下の唇を付けて、ムと言います。monkey, mango, magnet, many と言ってみましょう。

N n
　N はンヌと言うと英語らしく聞こえます。舌を上の歯茎の裏に付けてヌと言います。

　　白鳥よ、大海を泳げ、泳げ白鳥！
　　白鳥が泳いで戻ってきた、よくやったね！

♪ウッドチャック 早口言葉　　September

How much wood would a woodchuck chuck,
ハウ　マッチ　ウッドゥ　ウッダ　ウッドゥチャック　チャック

If a woodchuck could chuck wood?
イファ　ウッドゥチャック　クッドゥ　チャック　ウッドゥ

He would chuck as much wood
ヒ　ウッドゥ　チャッカーズ　マッチ　ウッドゥ

As a woodchuck could chuck,
アザ　ウッドゥチャック　クッドゥ　チャック

If a woodchuck could chuck wood.
イファ　ウッドゥチャック　クッドゥ　チャック　ウッドゥ

W w
唇先をすぼめて「ゥ」と言います。winter, window, wink, witch と言ってみましょう。

CH ch
チと読む時とクと読む時があります。
チと読む時は church, cheese, chair, chant, charge, change, chance などです。
ク（カキクケコ）と読む時は christmas, stomachache, technology, chemistry, chorus などです。

> ウッドチャック（リス科の動物マーモット）が、木を放り投げられるとしたら、
> 何本の木を投げられる？
> あの子はウッドチャックと同じくらい投げるだろう！

♪パン屋さん   October

Pat a cake, pat a cake, baker's man.
パターケイク　パターケイク　　ベイカーズ マン

Bake me a cake as fast as you can.
ベイクミー　アケイク　アズ ファース アズ ユーキャン

Pat it and prick it, and mark it with B
パッティッ アン　プリキッ　アン　マーキッ　ウィズ ビ

And put it in the oven for baby and me.
アン　プティッ インジィ　アブン　フォ ベイビー　アン ミ

T t / D d
聞こえないことがあります。fast はファーストですが、最後のトは言わないほうが英語らしく聞こえます。And は、アンドですが最後の d は言わないほうが英語らしく聞こえます。

P p / B b
p は上と下の口びるを塞いだ状態から息を勢い良くパッと吐き出します。
b は上と下の口びるを塞いだ状態から、静かに口びるを開きます。
口の前に薄い紙を置きます。p を言う時は紙が揺れますが、b の時はその紙は揺れません。

Rhyming
man と can，B と me で押韻しています。

パン屋さん、できるだけ早く焼いてくださいな。
プチプチ穴あけて B の文字も入れてね。
（私も坊やも待ってるよ）

♪小さなおうち　　　November

There was a little green house,
ゼア　ワザ　リトー　グリーン　ハウ

And in the little green house,
アン　インザ　リトー　グリーン　ハウ

There was a little brown house,
ゼア　ワザ　リトー　ブラウン　ハウ

And in the little brown house,
アン　インザ　リトー　ブラウン　ハウ

There was a little yellow house,
ゼア　ワザ　リトー　イェロー　ハウ

And in the little yellow house,
アン　インザ　リトー　イェロー　ハウ

There was a little white house,
ゼア　ワザ　リトー　ワイ　ハウ

And in the little white house,
アン　インザ　リトー　ワイ　ハウ

There was a little heart.
ゼア　ワザ　リトー　ハー（トゥ）

S s/T t/L l

聞こえないことがあります。houseをハウスと言ってしまうと英語らしく聞こえません。little（リトル）、heart（ハート）は日本語に聞こえます。ですから、あえて言わないほうが英語らしくなります。

　　小さな緑の家がありました。緑の家の中に茶色の家、茶色の家の中に黄色の家、
　　黄色の家の中に白い家、白い家の中に小さな心がありました。

Chapter4　リズムと音

♪ひと月は何日？　　　　December

Thirty days hath September,
サーティ　デイズ　ハス　セプテンバー

April, June, and November;
エイプリー　ジュン　ナン　ノーヴェンバー

All the rest have thirty-one,
オー　ザ　ゥレス　ハヴ　サーティ ゥワン

Excepting February alone,
イクセプティング　フェブゥルアリ　アロン

And that has twenty-eight days clear,
アン　ザッ　ハズ　トゥエンティ エイ　デイズ　クリアー

And twenty-nine in each leap year.
アン　トゥエンティナイニン　イーチ　リーピヤー

Hath は have

TH th は上と下の歯で下の先を少し噛んで、サシスセソ / ザジズゼゾの音を出します。

Rhyming
押韻は、September と November、thirty-one と alone、clear と year です。

　4月 6月 9月 11月は 30日
　その他は 31日
　ただし 2月は 28日
　うるう年は 29日

♪毎日りんご1個　　　　　　　　January

An apple a day
アン　ナポー　アデイ

keeps the doctor away.
キープス　ザ　ドクター　アウェイ

Apple in the morning,
アポー　インザ　モーニン

doctor's warning.
ドクターズ　　ウォーニン

Roast apple at night,
ロース　アポー　アッナイ

starves the doctor outright.
スター ブザ　ドクター　アウ ライ

Gg/Tt
　単語の最後にあるこの音は聞こえません。モーニング、ウォーニングでは英語らしくありません。night, outright の t は言わないほうが英語らしく聞こえます。

Rhyming
　day と away、　morning と warning、　night と outright で押韻しています。

　　1日1個のりんごで健康に
　　朝のりんごは医者いらず
　　夜の焼きリンゴでお医者は失業！

♪ソロモン グランディ　　　　February

Solomon Grundy,
ソロモン　　グランディ

Born on Monday,
ボーノン　　マンデイ

Christened on Tuesday,
クリスチャンドゥ　オン チューズデイ

Married on Wednesday,
マリッドゥ　オン　ゥエンズデイ

Took ill on Thursday,
トゥック　イロン　　サーズデイ

Worse on Friday,
ゥアース　オン フライデイ

Died on Saturday,
ダイドン　　　サータデイ

Buried on Sunday,
ベリードン　　サンデイ

This is the end of Solomon Grundy.
ディスイズ　ジ　エンドブ　　ソロモン　　グランディ

ソロモン グランディ
月曜日に生まれ　火曜日に洗礼を受け　水曜日に結婚し
木曜日に病気になり　金曜日に重体になり土曜日に亡くなって　日曜日に葬られた
これがソロモングランディの一生

♪ハンプティ ダンプティ   March

Humpty Dumpty sat on a wall,
ハンプティ　ダンプティ　サットンナ　ウォー

Humpty Dumpty had a great fall.
ハンプティ　ダンプティ　ハダ　グレイ　フォー

All king's horses and all king's men
アールキングズ　ホースィーズアン　アールキングズ　メン

Couldn't put Humpty together again.
クドゥン　プッ　ハンプティ　トゥギャザー　アゲイン

Ll / Tt
　wall や fall の l をルとしてウォール、フォールと読むと日本語になってしまい、great の t をトとしてグレイトと読むと英語らしくありません。早口で言うとほとんど聞こえない音です。

Rhyming
　wall と fall で韻を踏んでいます。men と again も脚韻が同じです。

All をオールとすると日本語になります。All の A は、アとオの間の音です。

　　ハンプティダンプティが壁の上、ハンプティダンプティが落っこちた。
　　王様の馬も家来も、誰も元には戻せない！

Chapter4　リズムと音

♪ Rhyming（韻）を踏んでいるのはどこかな？

①ロンドン橋落ちた！

London bridge is falling down, falling down, falling down.
London bridge is falling down,
My Fair Lady.

この「ロンドン橋落ちた」は日本でもよく知られています。二人が橋をつくります。歌が終わったところで橋の下を通る友達を捕まえます。

②数え歌

One, Two, Three,
four, five, six, seven,
All good children go to heaven,
Some fly east, some fly west,
Some fly over the cuckoo's nest.

③ Peter Piper（ピーター・パイパーさん）

Peter Piper picked a peck of pickled peppers.
A peck of pickled peppers Peter Piper picked.
If Peter Piper picked peck of picked peppers,
Where's the peck of pickled peppers Peter Piper picked?

〈答え〉

①脚韻 down
② seven と heaven、west と nest
③頭韻 p

Chapter 5

教材バンク

色々なカテゴリの ABC カードを紹介します。このカードで様々なアクティビティができます。一人一人違った ABC カードを 12 か月かけてつくってみてはどうでしょう。

(1) 色々な ABC カード
(2) ABC カードを使ったアクティビティ
(3) ワークシートを使ったアクティビティ
(4) 体を使ったアクティビティ
(5) 指導案の言語材料（文構造）と関連教科
(6) 英語絵本に見られる中学校文法例

(1) 色々なABCカード

① Animals（動物）

Aa is for Alligator
Bb is for Bear
Cc is for Cat
Dd is for Dog
Ee is for Elephant
Ff is for Fish
Gg is for Gorilla
Hh is for Horse
Ii is for Iguana
Jj is for Jaguar
Kk is for Kangaroo
Ll is for Lion
Mm is for Monkey
Nn is for Newt
Oo is for Octopus
Pp is for Pig
Qq is for Quail
Rr is for Rabbit
Ss is for Snake
Tt is for Tiger
Uu is for Umbrella bird
Vv is for Vulture
Ww is for Whale
Xx is for X-ray fish
Yy is for Yak
Zz is for Zebra

② School（学校）

Aa is for ant
Bb is for book
Cc is for card
Dd is for desk
Ee is for earth
Ff is for file folder
Gg is for glue
Hh is for hourglass
Ii is for ink
Jj is for jigsaw puzzle
Kk is for keyboard
Ll is for lunch box
Mm is for map
Nn is for notebook
Oo is for office
Pp is for paper
Qq is for quiz
Rr is for ruler
Ss is for student
Tt is for teacher
Uu is for umbrella
Vv is for vest
Ww is for water
Xx is for xylophone
Yy is for yard
Zz is for zero

③ Occupation（仕事）

Aa is for actor
Bb is for butler
Cc is for chef
Dd is for doctor
Ee is for engineer
Ff is for flight attendant
Gg is for groomer
Hh is for hairdresser
Ii is for illustrated book writer
Jj is for judge
Kk is for knight
Ll is for librarian
Mm is for midwife
Nn is for nurse
Oo is for office worker
Pp is for police officer
Qq is for Queen
Rr is for reporter
Ss is for social worker
Tt is for teacher
Uu is for undertaker
Vv is for veterinarian
Ww is for web designer
Xx is for x-ray technician
Yy is for yard man
Zz is for zookeeper

④ Places（場所）

Aa is for aquarium
Bb is for bakery
Cc is for cafeteria
Dd is for department store
Ee is for elementary school
Ff is for factory
Gg is for gymnasium
Hh is for hospital
Ii is for ice-stand
Jj is for jail
Kk is for kindergarten
Ll is for library
Mm is for museum
Nn is for nursing home
Oo is for Opera house
Pp is for park
Qq is for quay
Rr is for restaurant
Ss is for station
Tt is for theater
Uu is for university
Vv is for vineyard
Ww is for warehouse
Xx is for call boX
Yy is for Yellowstone Natural Park
Zz is for zoo

⑤絵本 Very Hungry Caterpillar（はらぺこあおむし）

Aa is for apple
Bb is for butterfly
Cc is for caterpillar
Dd is for donut
Ee is for egg
Ff is for fat
Gg is for grilled sausage
Hh is for hungry
Ii is for ice cream
Jj is for juice
Kk is for kiwifruit
Ll is for lollipop
Mm is for morning
Nn is for night
Oo is for orange
Pp is for pupa
Qq is for quiche
Rr is for rich
Ss is for salami
Tt is for tree
Uu is for universe
Vv is for vegetable
Ww is for watermelon
Xx is for Xmas cake
Yy is for yogurt
Zz is for zucchini

⑥ Plants（植物・花）

Aa is for Acerola （アセロラ）
Bb is for Bamboo （竹）
Cc is for Cacao （カカオ）
Dd is for Dandelion （たんぽぽ）
Ee is for Edamame （枝豆）
Ff is for Freesia （フリージア）
Gg is for Gerbera （ガーベラ）
Hh is for Hibiscus （ハイビスカス）
Ii is for Iberis （イベリス）
Jj is for Jasmine （ジャスミン）
Kk is for Kenaf （ケナフ）
Ll is for Lily （ユリ）
Mm is for Mint （ミント）
Nn is for Narcissus （水仙）
Oo is for Okra （オクラ）
Pp is for Pansy （パンジー）
Qq is for Quince （マルメロ）
Rr is for Rose （薔薇）
Ss is for Sunflower （ひまわり）
Tt is for Tulip （チューリップ）
Uu is for Umbrella Flower （サンダーソニー）
Vv is for Veronica （ベロニカ）
Ww is for Window Leaf （モンステラ）
Xx is for flower boX （フラワーボックス）
Yy is for Yew （イチイ）
Zz is for Zinnia （ジニア）

⑦ The UK（イギリス特集）

Aa is for apple pie
Bb is for Big Ben
Cc is for cup cake
Dd is for Dundee cake
Ee is for Edinburgh castle
Ff is for fish and chips
Gg is for Great Britain
Hh is for Harry Potter
Ii is for ink
Jj is for Union Jack
Kk is for King
Ll is for London Bridge
Mm is for muffin
Nn is for national museum
Oo is for omelette
Pp is for punk
Qq is for Queen
Rr is for roast beef
Ss is for scone
Tt is for tea
Uu is for United Kingdom
Vv is for Victoria Station
Ww is for Westminster Abbey
Xx is for Oxford
Yy is for Yorkshire pudding
Zz is for zoo

⑧ National Frags（国旗）

Aa is for America
Bb is for Brasil
Cc is for Canada
Dd is for Denmark
Ee is for Ecuador
Ff is for France
Gg is for Ghana
Hh is for Hungary
Ii is for Israel
Jj is for Japan
Kk is for Kenya
Ll is for Lebanon
Mm is for Malaysia
Nn is for Nepal
Oo is for Oman
Pp is for Portugal
Qq is for Qatar
Rr is for Russia
Ss is for Spain
Tt is for Thailand
Uu is for Uganda
Vv is for Venezuela
Rr is for Rwanda
Xx is for MeXico
Yy is for Yemen
Zz is for Zambia

⑨ Names(人名)

A is for Alice
B is for Bob
C is for Chris
D is for David
E is for Elizabeth
F is for Fred
G is for Greg
H is for Henry
I is for Isabel
J is for Jack
K is for Kevin
L is for Lola
M is for Mark
N is for Nancy
O is for O'Sulivan
P is for Patricia
Q is for Quentin
R is for Rebecca
S is for Sam
T is for Tom
U is for Ulysses
V is for Victoria
W is for Wendy
X is for Xavier
Y is for Yohan
Z is for Zachary

⑩ Fruits & Vegetabes（果物と野菜）

Aa is for Apple
Bb is for Banana
Cc is for Coconut
Dd is for Durian
Ee is for Eggplant
Ff is for Fig
Ii is for Indian corn
Jj is for Japanese radish
Kk is for Kiwifruit
Li is for Lemon
Mm is for Mango
Nn is for Nectarine
Oo is for Orange
Pp is for Pineapple
Qq is for Quince
Ss is for Swiss chard
Tt is for Tomato
Vv is for Vegetable marrow
Ww is for Watermelon
Uu is for Ugli fruit
Xx is for Xylocarp
Yy is for Yuzu
Zz is for Zucchini

⑪ Animal Karuta (動物カルタ)

Aa is for Ant. Ant likes an apple.
Bb is for Bird. Bird, baking a cake.
Cc is for Cute Cat. Cat, cutting the cake.
Dd is for Dinosaur. Dinosaur, digging a deep hole.
Ee is for Elephant. Elephant, eating an eggplant.
Ff is for Fat Frog. Fat Frog, finding a flower.
Gg is for Gorilla. Gorilla is gentle and great.
Hh is for Horse. Horse is on the hill.
Ii is for Iguana. Iguanas don't like ice.
Jj is for Jaguar. Jaguars live in a jungle.
Kk is for Kangaroo. Kangaroo, kicking a ball.
Ll is for Lazy Lion. Lazy Lion lies on the lawn.
Mm is for Monkey. Monkey meets the mailman.
Nn is for Nightingale. Nightingale is a nice singer.
Oo is for Old Owl. Old Owl, on the tree.
Pp is for Penguin. Penguin, painting the perfect picture.
Qq is for Quiet Quokka*. Quiet Quokka asks a question.
Rr is for Reindeer. Reindeer, relaxing during the summer.
Ss is for Sick Sheep. Sick Sheep speaks slowly.
Tt is for Turtle. Turtle, trying on trousers.
Uu is for Umbrella-bird. Umbrella-bird uses an umbrella.
Vv is for Vulture. Vulture can see a nice view.
Ww is for Wise Wolf. Wise Wolf writes a letter.
Xx is for X-ray Fish, six years old.
Yy is for Yak. Yak ate yogurt yesterday.
Zz is for Zebra. Zebra, zipping around field.

*quokka オーストラリアに棲息するワラビーの一種で有袋動物

(2) ABCカードを使ったアクティビティ

① ペルマンカード（神経衰弱）

「神経衰弱」は19世紀後半心理学者のペルマン（Christopher Louis Pelman）が「記憶法」として開発しました。伏せて置いたカードの中から2枚めくり、その2枚が同じならばもう一度2枚めくれます。2枚が違うカードなら次の人の番になります。カードを多く取った人が勝ちです。

同じ絵文字カードを2枚そろえることができない時、つまり、「Ant」が2枚ない時、頭文字の「Ant」と「Apple」が同じAなので、絵は違っても同じ文字合わせで神経衰弱ができます。そろった時に、その絵の名前を英語で「Ant and Apple!」と言うと良いでしょう。

② Go Fish!

トランプゲームのババ抜きに似ています。

同じ文字が書かれたカードを2枚ずつ20組ほど用意します。3, 4人で1グループつくります。絵のない、文字だけのカードを一人に3枚配ります。残りのカードは真ん中に伏せて積んでおきます。Aさんが「Ant」というカードを持っている時、Bさんに「Do you have an Ant?」と尋ねます。Bさんがそのカードを持っていたら、Aさんに「Ant」を渡します。Aさんはそれをもらって自分の「Ant」のカードと一緒にして捨てます。もしBさんが「Ant」を持っていなければ、Bさんは Aさんに「Go Fish!（それはないよ！）」と言って、真ん中に積まれたカードから1枚取ります。最初に手持ちのカードがなくなった人が勝ちです。

③絵カード交換

　一人1枚ずつ国旗のカードを持ちます。持っているカードが自分の行きたい国です。Aさんは「Where do you want to go?」と尋ねます。Bさんは「I want to go to Italy. Where do you want to go?」とAさんに尋ねます。Aさんは、「I want to go to India」と答え、カードを交換します。そして、新たな友達を探し、どこに行きたいか尋ねます。

④文字並べ/文字合わせ(大文字小文字)

　ABC…Zまでを並べるアクティビティです。二人で並べる競争をしても良いし、数人のグループの中で優勝者を決めても良いです。並べる順番は、AからZでも、逆のZからAでもできます。

　右側の写真は、大文字小文字合わせです。大文字を先に並べておき、その上に小文字を載せていきます。

⑤数字並べ

カレンダーの数字1～30/31を切り取ると、数字の読み方の指導で使えます。英語の数字の言い方に慣れたら「足し算」や「引き算」もできます。

先生　「Two plus three, the answer is?」
子供達「Five!」
先生　「Eight minus five, the answer is?」
子供達「Three!」

⑥言葉（単語）つくり

　ABCカードを使って単語をつくります。一人がA~Zを1枚ずつ一組しか持っていない時はペアになり協力して二人分の文字カードを使うと、次のようにpが2個ある単語もつくることができます。先生は、その文字の音とその文字の名前を言ってあげてください。/æ/は、その文字の音です。A（エイ）は、その文字の名前です。

　先生が、「Let' make the word! /æ/, /æ/, A（エイ）。/p/, /p/, P（ピー）。/p/, /p/, P（ピー）。/l/, /l/, L（エル）。/iː/, /iː/, E（イー）」と言ったら、子供達はappleとカードを並べます。

　　先生　　「/æ/, /æ/, A（エイ）」
　　子供達　「/æ/, /æ/, A（エイ）」
　　先生　　「/p/, /p/, P（ピー）」
　　子供達　「/p/, /p/, P（ピー）」
　　先生　　「/p/, /p/, P（ピー）」
　　子供達　「/p/, /p/, P（ピー）」
　　先生　　「/l/, /l/, L（エル）」
　　子供達　「/l/, /l/, L（エル）」
　　先生　　「/iː/, /iː/, E（イー）」
　　子供達　「/iː/, /iː/, E（イー）」
　　先生　　「What's the word?」

Chapter5　教材バンク

（3）ワークシートを使ったアクティビティ

①クロスワードパズル（Cross word puzzle）

　次に載せたのは動物クロスワードです。ヒントの単語をクロスワードの中から探します。見つけたらその文字を鉛筆で囲みます。次のパズルは25マス（5×5）のクロスワードパズルですが、始めは9マス（3×3）や、16マス（4×4）から始めても良いでしょう。

　下のクロスワードは小文字の学習の時に使います。

d	o	g	b	d
e	u	o	w	l
e	r	a	n	t
r	a	t	c	o
v	s	f	o	x

〈ヒント〉deer, dog, goat, fox, owl, ant

　作成の仕方は、先に答えを決めて縦や横に記入し空白のところには適当にアルファベットを入れていきます。これは動物クロスワードですが、カテゴリーごとに「果物クロスワード」や「学校クロスワード」をつくると良いでしょう。

②すごろく（Snakes and Ladders）

　すごろくゲームです。サイコロを振って出た数だけ進みます。進む時に書かれた単語を大きな声で読みます。はしご（ladder）に来たら、はしごを上がれますが、蛇（snake）の頭に来たら、蛇のしっぽまで下りなければなりません。スタートから始めてゴールを一番早く通過した人が勝ちです。サイコロが用意できなければ、ジャンケンで勝った人が進むと良いでしょう。グーで勝ったら1マス、チョキで勝ったら2マス、パーで勝ったら、5マス進めるなど、ルールを決めておくと良いです。

(4) 体を使ったアクティビティ

①人文字

床の上に ABC カードをバラバラに置き音楽をかけます。ペアで行動します。音楽が止まった時、近くにあるカードに書かれた文字をペアでつくります。写真は A という文字を表現しました。

②ジェスチャーゲーム（Gesture）

クラスを A, B 2 チームに分けます。A チームの代表者を決めます。その人がジェスチャーをします。問題が書かれたカードを引きその内容のジェスチャーをします（問題は教えたい事柄を先生が用意しておきます）。A チームの人がその答えを当てます。次に B チームの代表者がジェスチャーをし B チームの人が当てます。たくさん当てたチームが勝ちです。カードの文字は、baseball, soccer, tennis, skiing, dancing など名詞でも良いし、A horse is running, A cat is sleeping などの文でも良いでしょう。

③ウィスパーゲーム（Whisper）

ウイスパー（whisper）というのは「ささやく」という意味です。他のチームに聞こえないように伝言ゲームをします。5 人から 6 人で 1 チームつくり、問題に出されたことをチームの友達に伝えていきます。いくつチームがあってもできます。ゲームに参加する人の習熟度を考慮して問題をつくると良いでしょう。

（5）指導案の言語材料（文構造）と関連教科

　小学校英語で指導する単語や文構造は、文部科学省のホームページ「小学校学習指導要領解説外国語編平成29年7月」にあります。80ページにも及ぶ長文ですが23〜72ページ（2.内容）に載っています。Chapter 3に載せた指導案の言語材料と関連する教科・領域は次の表の通りです。

登場人物　　　　月	言語材料	置き換える単語	関連教科・領域	ページ
4月 はらぺこあおむし	I have an apple. It's Monday.	apple, pear, Monday, Tuesday	理科 国語	26
5月 タツノオトシゴ	Hello. How are you? Fine, and you?	Fine, Good, Tip-Top	理科 国語	34
6月 インチワーム	The robin's tail is five inches long.	five, six, seven	算数 道徳	40
7月 スイミー	What's the matter with you? I am scared.	scared, lonely, sad	国語 道徳	46
8月 海賊ジェイク	I don't like stealing.	stealing, robbing	国語 道徳	50
9月 ナマケモノ	Do you know a sloth?	sloth, caiman, jaguar	理科 道徳	54
10月 エラとエミリー	Do you like pink? I like pink.	pink, blue, red, white	ハロウィン 特別活動	58
11月 フクロウ	Bee came on the tree.	Bee, Crow, Robin, Starling	国語	64
12月 リスと森の動物	I want nuts. How many? One, please. Here you are.	nuts, pine corns, One, Two……	クリスマス 図工 音楽	70
1月 兵隊さんと村人	How are you? I am hungry.	hungry, sleepy, tired, sad	国語 道徳	76
2月 ティッチ	I have a kite. Do you have a kite?	kite, bike, drum	国語 保健（成長）	82
2月 ヘイゼルとビリー	What do you want? I want cards.	cards, blocks, trains	国語 道徳	88
3月 農場の動物	Where are you? I am near the pond.	pond, grass, wall, hole, tree	国語 図工	92

参考：導入で歌や踊りやを挿入すれば「音楽・体育」の教科との横断学習になります。

(6) 英語絵本に見られる中学校文法 例

	文法	例	英語絵本の題名
1	現在分詞	looking at me	Brown Bear, Brown Bear, What Do You See? 　　by Bill Martin Jr & Eric Carle
2	現在分詞	slipping by me	Baby Bear, Baby Bear, What Do You See? 　　by Bill Martin Jr & Eric Carle
3	現在分詞	soaring by me	Panda Bear, Panda Bear, What Do You See? 　　by Bill Martin Jr & Eric Carle
4	現在分詞	roaring in my ear	Polar Bear, Polar Bear, What Do You Hear? 　　by Bill Martin Jr & Eric Carle
5	助動詞 can	Can you do it?	From Head to Toe　by Eric Carle
6	助動詞 shall	What game shall we~?	What Game Shall We Play? 　　by Pat Hutchins
7	助動詞 will	You will~	Tomorrow : Days With Frog and Toad 　　by Arnold Lobel
8	前置詞	in the hole on the rock	What Game Shall We Play? 　　by Pat Hutchins
9	現在完了	Have you ever seen~?	Have you ever seen my cat? 　　by Eric Carle
10	不定詞	Do you want to be ～?	Do you want to be my friend? 　　by Eric Carle
11	There is~ There are~	There is a doll~ There are lots of flowers~	The Weird Things in NANNA'S HOUSE 　　by Ann Macree Mason & Cathy Wilcox
12	時計の読み方	one minute past three ten minutes to four	Clocks and More Clocks 　　by Pat Hutchins

おわりに

　平成22年（2010）から小学校で飛び込みの英語の授業をする機会があり、その時から少しずつ貯めていた教材をまとめることができました。当時、英語の授業は歌や踊りやゲーム中心で物足りなさを感じていました。初めてPat Hutchinsの『Which Witch Is Which?』を6年生に英語で読み聞かせをした時、子供達の目が輝きました。子供達は知的な内容や心揺さぶられる授業を望んでいたのです。45分の授業を英語で行いましたが集中して聞いてくれました。意味が分からないところがあると、意味を推測した子供が日本語で説明してくれました。

　まもなく、内容言語統合型学習（CLIL）が日本にも紹介され他教科との横断学習が研究されるようになりました。理科と英語、算数と英語などの横断学習の授業も参観しましたが多くが、日本とは背景の違うヨーロッパからの直輸入でした。内容を深め考えさせる授業ではなかったのです。ある時、児童英語の講座でMarcia Brownの『Stone Soup』のボードシアターを見ました。絵本をそのまま読み聞かせるのではなく、絵本に出てくるニンジンやジャガイモの絵をボードに貼り付けながら、簡単な英語で繰り返しジェスチャーを交えて語ってくださったネイティブの方の授業でした。眼からウロコでした。このやり方なら、絵本の内容を深めながら使われている単語（語彙）を増やし、子供達の心を揺さぶり考える力を伸ばせると確信しました。

　小学校の英語が本格化しました。学校は忙しく行事に追いかけられ、会議も多く教科の教材研究の時間もままならないでしょう。英語の授業準備に時間をかけられない時、本書を使って頂けたら嬉しいです。

　小学校の図書室や公共の図書館には英語絵本はまだまだ少ないです。翻訳本は増えましたが、英語の絵本は英語で読んであげたいと思っています。今回、本書をまとめるにあたり千葉市と市川市の中央図書館に足繁く通いました。千葉市中央図書館には1000冊を超える英語絵本があり、市川市中央図書館には1500冊の蔵書があります。みなさんの学校の図書室にBig Bookも含めたくさんの英語絵本が置かれ、子供達が自由に英語絵本を楽しめるようになることを願っています。

　大学の「児童英語指導法」を履修した学生さん達の協力もあり出版することができました。また、小学校教員時代の同僚、長谷川澄江さん、樋山洋子さんにアイデアをもらい校正も手伝って頂きました。弟の誠友君は装本を手伝ってくれました。お礼申し上げます。

　最後に、米寿を迎え元気でいてくれる母に感謝を込めて……

平成30年（2018）3月21日　　　　内　山　　工

主な参考絵本（作者ごと）

< **Allen Atkinson** >
　MOTHER GOOSE NURSERY RHYMES　Ariel Books/ Alfred A.Knopf

< **Arnold Robel** >
　DAYS WITH FROG AND TOAD　Harper & Row, Publishers
　FROG AND TOAD ALL YEAR　Harper & Row, Publishers
　FROG AND TOAD ARE FRIENDS　Harper & Row Publishers　*The Caldecott Honor Book*
　FROG AND TOAD TOGETHER　Harper & Row Publishers　*The Newbery Honor Book*
　OWL AT HOME　Harper & Row, Publishers
　THE RANDOM HOUSE BOOK OF MOTHER GOOSE　The Random House

< **Beatrix Potter** >
　THE TALE OF SQUIRREL NUTKIN　Warne

< **Eric Carle** >
　A HOUSE FOR HERMIT CRAB　Simon & Schuster Books for Young Readers
　MISTER SEAHORSE　Philomel Books
　"SLOWLY, SLOWLY, SLOWLY," SAID THE SLOTH　Puffin Books
　THE VERY BUSY SPIDER　Philomel Books
　THE VERY HUNGRY CATERPILLAR　Philomel Books
　THE VERY QUIET CRICKET　Puffin Books

< **Helen Nicol and Jan Pienkowski** >
　MEG AND MOG　Puffin Books

< **Jane Yolen and John Schoenherr** >
　OWL MOON　Philomel Books

< **Leo Lionni** >
　A COLOR OF HIS OWN　Alfred A. Knopf
　FISH IS FISH　Dragonfly Books
　INCH BY INCH　Alfred A. Knopf　*The Caldecott Honor Book*
　LITTLE BLUE AND LITTLE YELLOW　HarperTrophy Collins Publishers
　SWIMMY　Dragonfly Books　*The Caldecott Honor Book*

< **Marcia Brown** >
　SHADOW　CHARLES SCRIBNER'S SONS

STONE SOUP   Aladdin Picture Books   *The Caldecott Honor Book*
THE THREE BILLY GOATS GRUFF   HMH Books for Young Readers

< **Mwenye Hadithi & Adrienne Kennaway** >
ENORMOUS ELEPHANT   Hodder Children's Book   *Kate Greenaway Award*
HOT HIPPO   Hodder Children's Books
LAUGHING GIRAFFE   Hodder Children's Books
GREEDY ZEBRA   Hodder Children's Books

< **Pat Hutchins** >
DON'T GET LOST   Greenwillow Books
DOORBELL RANG   Greenwillow Books
GOOD NIGHT OWL   Philomel Books
ONE-EYED JAKE   Boldley Head
SILLY BILLY   Julia MacRae Books
THE SILVER CHRISTMAS TREE   Boldley Head
THE VERY WORST MONSTER   Greenwillow Books
TIDY TITCH   Julia MacRae Books
TITCH   Boldley Head
WHAT GAME SHALL WE PLAY?   Julia MacRae Books
WHICH WITCH IS WHICH?   Julia MacRae Books
YOU'LL SOON GROW INTO THEM, TITCH   Greenwillow Books

< **Tasha Tuder** >
CORGIVILLE CHRISTMAS   Front Street

< **Tomie dePaola** >
STREGA NONA   Simon & Schuster Inc.   *The Caldecott Honor Book*

< **Uri Shulevitz** >
SNOW   Farrar Straus Giroux

< **Verna Aardema** >
WHY MOSQUITOES BUZZ IN PEOPLE'S EARS   *The Caldecott Medal Book*

参考サイト及び書籍

＜CLIL＞
○笹島茂（2011）『CLIL 新しい発想の授業―理科や歴史を外国語で教える?!』東京：三修社
○二五義博（2013）『算数の計算を活用した教科横断型の英語指導：小学校高学年児童を対象とした英語の数の学習を事例として』小学校英語教育学会誌　13巻　p84－99
○二五義博（2014）『CLIL を応用した二刀流英語指導法の可能性：小学校高学年児童に社会科内容を取り入れた指導を通して』14巻　p66－81
○渡辺良典・池田真・和泉伸一（2011）『CLIL（内容言語統合型学習）上智大学外国語教育の新たなる挑戦＜第1巻＞原理と方法』東京：上智大学出版局

＜マザーグース＞
○おおくぼゆう訳　Beatrix Potter『THE TALE OF SQUIRREL NUTKIN（きたりすナトキンの話）』　http://www.alz.jp/221b/aozora/bp03_nutkin.html
○北原白秋訳『まざあぐうす－青空文庫』
http://www.aozora.gr.jp/cards/001529/files/546_21324.html
○鳥山淳子『大好きマザーグース』http://www2u.biglobe.ne.jp/~torisan/top.html

＜その他＞
○光村図書出版　『教材別資料一覧2年（スイミー）』
http://www.mitsumura-tosho.co.jp/kyokasho/s_kokugo/material/2nen.html
○文部科学省『小学校学習指導要領解説　外国語編　平成29年7月』
http://www.mext.go.jp/component/a_menu/education/micro_detail/__icsFiles/afieldfile/2017/07/25/1387017_11_1.pdf
○やまねこ翻訳クラブ『コールデコット賞受賞作品リスト The Caldecott Medal』
http://www.yamaneko.org/bookdb/award/us/caldecot/
○Shirley Thompson『Jazz Chants – American English』
https://ja.scribd.com/document/326875608/Teaching-With-Jazz-Chants-0

協力者

加藤 月　國分 茅絢　小林 聖子　塩田 紗也　清水 愛香　染谷 実里
鶴園 彩乃　寺西 紗希　平山 綾花　松澤 明日香　渡部 佳奈乃

イラスト　平山 綾花

【著者プロフィール】
内山 工（うちやま たくみ）

信州大学教育学部卒業、オーストラリア・クイーンズランド州立グリフィス大学大学院(Master of Education, Master of TESOL 修了)、神田外語大学大学院言語科学研究科英語学専攻英語教育（Master of Art 修了）。
東京都内の公立小学校勤務退職後、公立中学校にて英語科講師を経て、現在、大学にて「児童英語指導法」の講座を担当している。
関連サイト：Ameba Blog「水曜日にこんにちは！『小学校の先生のためのチョコっと英語教材集』」

タイ王国エメラルド寺院にて

英語絵本を使った授業つくり ──CLIL的アプローチ指導案12か月──

2018年6月9日　第1刷発行

著　者 ── 内山 工（うちやま たくみ）

発行者 ── 佐藤 聡

発行所 ── 株式会社 郁朋社（いくほうしゃ）
〒101-0061　東京都千代田区神田三崎町2-20-4
電　話　03（3234）8923（代表）
ＦＡＸ　03（3234）3948
振　替　00160-5-100328

印刷・製本 ── 株式会社東京文久堂

装　丁 ── 根本 比奈子

落丁、乱丁本はお取り替え致します。

郁朋社ホームページアドレス　http://www.ikuhousha.com
この本に関するご意見・ご感想をメールでお寄せいただく際は、
comment@ikuhousha.com　までお願い致します。

©2018 TAKUMI UCHIYAMA　Printed in Japan　ISBN978-4-87302-667-1 C0082